FRANZ KAMPHAUS

Wenn Gott in die Quere kommt

60 Predigten und Ansprachen
für ein Christsein mit Profil

Herder
Freiburg · Basel · Wien

Bischof Christian Zippert
freundschaftlich gewidmet

Zugunsten des Bischöflichen Hilfswerkes Misereor

2. Auflage 2001

Umschlaggestaltung: Finken & Bumiller, Stuttgart
Umschlagbild: Alexej Jawlensky, Dornenkrone, 1918
(München, Bayerische Staatsgemäldesammlung)

Gedruckt auf umweltfreundlichem, chlorfrei gebleichtem Papier
Druck und Einband: Freiburger Graphische Betriebe
ISBN: 3-451-27368-3

Vorwort

In einer unübersichtlichen Welt, die unzählige Wege labyrinthisch verlockend anbietet, stellt sich immer dringlicher die Frage nach dem, was zuerst kommt. Was hat Priorität? In welchem Kraftfeld steht der Kompaß unseres Lebens? Viele schwören heute darauf, alles pragmatisch, ideologiefrei in Griff zu nehmen, und das heißt konkret: Was bringt's mir, wie viel verdiene ich dabei, wie viel Spaß habe ich dabei? Anderen ist eine so vordergründig platte Lebensausrichtung, ein solcher resignierender Verzicht auf Ideale zu dürftig und zu trostlos. Und so flüchten sich viele aus den oft harten, steinigen, grausam schmerzenden Gegebenheiten in eine illusionäre Traumwelt.

In dieser Standortdebatte erhebt sich neu die alte Gretchenfrage, was uns Christen heilig ist, so heilig, dass wir es uns in dem ganzen Stimmengewirr heute nicht ausreden lassen. Der Glaube? Der Glaube an Gott? An welchen Gott? An einen Gott, der zu uns passt und der uns passt? Nein, wir haben mit einem Gott zu rechnen, der uns oft gar nicht passt, der uns nicht einfach nur unserer Selbst innewerden lässt, der uns quer kommt.

Um den Glauben an diesen Gott geht es in den folgenden Texten. Die Konsequenz, die daraus angesichts einer »postchristlichen« Gesellschaft neu zu vollziehen ist, heißt Leben mit christlichem Profil. Wenn der Gottesglaube ausgehöhlt wird, ist es wie mit einer Wind und Wetter und Umweltgiften ausgesetzten Sandsteinskulptur: Die Konturen verflachen, das Profil ist weg, die Gestalt sagt nichts mehr. Wenn aber Gott unsere absolute Priorität ist, wenn wir zuerst das Reich Gottes suchen, dann kann er wie ein Magnet in unserem Leben, in unserer Kirche, in unserer Welt wirken und seine ganze Anziehungskraft neu entfalten.

Die Texte sind innerhalb der vier Teile chronologisch, nach dem Jahr ihres Entstehens geordnet. Sie stammen zumeist aus den letzten zehn Jahren und schließen damit an frühere Predigtsammlungen an. In den vorliegenden Band sind nur verhältnismäßig wenige Predigten zu den österlichen Festtagen aufgenommen, da 1998 insgesamt 39 Ansprachen zu Gründonnerstag, Karfreitag, Ostern, Christi Himmelfahrt und Pfingsten eigens veröffentlicht wurden (»Zwischen Nacht und Tag. Österliche Inspirationen«, 3. Auflage 1999).

Inhalt

I. Festtage

II. Zum Dienst geweiht

III. Kirche vor Ort

IV. Leben in der Zeit – Leben in der Welt

I. FESTTAGE

Arme Reiche und reiche Arme

Schrifttext: 2 Kor 8,9 – Weihnachtspredigt 1992

Nach der griechischen Sage verspricht Dionysos dem König Midas von Phrygien: »Ich erfülle dir einen Wunsch.« Der König überlegt nicht lange: »Lass alles, was ich berühre, zu Gold werden.« Gesagt – getan. Midas ist gespannt und versucht's mit dem Göttergeschenk. Er berührt einige Dinge, und im Nu funkelt es rund um ihn herum von purem Gold.

Überglücklich setzt sich der König zum Mahl, greift nach Brot und Braten – und er hat ein Stück Gold in der Hand. Er führt den Becher zum Mund, und der Wein wird zu Gold. Midas ist wie vom Schlag getroffen in seinem Glücksrausch. Er erkennt, wohin er in seiner Gier nach Reichtum gekommen ist: Er verhungert und verdurstet. – Reichtum, der verhungern lässt, der das Leben erstarren lässt. Gibt es das nicht auch bei uns? Stellen Sie sich vor, Sie hätten einen Wunsch frei. Was würden Sie wählen? Ein goldenes Göttergeschenk, das Ihnen in den Schoß fällt?

Eingriff in die Substanz

Unser Gottesgeschenk ereignet sich im Kontrast zur Midas-Sage, gerade umgekehrt. Ihr kennt doch die Liebe Jesu Christi, sagt Paulus. Ihr kennt doch das Gottesgeschenk: »Er, der reich war, wurde euretwegen arm.«

Gott und arm – wie soll man das zusammenbringen? Das wirft unsere gängigen Vorstellungen über den Haufen. Wir denken: ›Reiche können Arme mitversorgen, solange sie reich bleiben. Von Zinsen kann man leben und leben lassen, wenn nur das Grundkapital nicht angegriffen wird.‹ Auch der »ewigreiche Gott« kann nach der Logik unserer Ökonomie Menschen nur helfen, solange er selbst reich bleibt. Dann kann er gelegentlich von oben seine Geschenke herunterfallen lassen oder einen goldigen Wunsch erfüllen. Aber ein Gott, der arm wird, der bringt uns nicht weiter! So denken wir.

Gott denkt anders, und er handelt anders. Er geht an sein eigenes

Grundkapital, er greift in die Substanz ein, in die göttliche Substanz. So sieht das aus: Stall – Krippe – Flüchtlingskind, verkannt – verfolgt – verraten – verlassen. Der Weg zwischen Betlehem und Golgota ist nicht mit Samtteppichen ausgelegt. Gott wird nicht nur pro forma arm.

Arm und reich, die Begriffe und mehr noch die damit angesprochenen Fronten geraten in Bewegung. Was heißt eigentlich reich? Gott gibt auf diese Frage nicht die übliche Antwort: Gold über Gold, schließlich noch als Göttergeschenk verklärt. Er definiert neu, was Reichtum ist. Christus ist nicht für sich reich, sondern für andere (»euretwegen«). Er ist darin reich, dass er sich mit allem, was sein ist, verschenkt. Das geht an die Substanz. Denn er gibt nicht etwas, sondern sich. Aber er verliert dabei nicht. Er bezeugt die göttliche Logik der Liebe: Der Gewinn liegt im Geben. Nicht die sind letztlich reich, die viel haben, sondern die viel geben.

Gottes zweite Heimat

»Er, der reich war, wurde euretwegen arm.« Soweit, so gut. Wozu das alles? Sollen wir arm werden wie er? Davon ist nichts gesagt. Im Gegenteil: Christus wurde arm, »um euch durch seine Armut reich zu machen«.

Können wir das nachvollziehen, dass wir durch ihn reich geworden sind? Eher werden wir denken: Wir sind als Christen heute arm dran nach allem, was zu hören und zu lesen ist. Oder? Christsein als Bereicherung des Lebens? Alles hängt daran, dass wir das mitvollziehen können. Wie denn?

Der Gott, an den wir glauben, teilt nicht nur von oben Güter aus, er teilt unser Leben. Er entäußert sich, gerät außer sich, damit wir zu uns kommen. Er unterläuft den menschlichen Wahn, wie Gott sein zu wollen und den Himmel zu stürmen. Gott hat *diesen* Himmel längst verlassen, er hat den Menschen als seine zweite Heimat entdeckt. Er ist uns gerade in dem voraus, was wir wie selbstverständlich für uns beanspruchen: im Menschsein. Er ist bei uns zu Hause. Das ist der reichste Schatz, den wir empfangen können. Damit brauchen wir uns nicht zu verstecken, damit können wir uns sehen lassen. Christen lassen sich von niemandem darin übertreffen, groß vom Menschen zu denken. Sie können getrost dem gnadenlosen Traum entsagen, mehr als ein Mensch zu sein. Gott erwartet nichts Übermenschliches von uns. Es genügt, dass wir ganz Mensch sind, so menschlich wie nur möglich. Wir müssen nicht krampfhaft über unsere Verhältnisse leben wollen, neureich oder wie auch immer. Wir müssen nicht den selbst produzierten Reichtümern nachjagen, die uns schließlich doch verhungern lassen. Wir brauchen uns auch nicht »fromm« zu überfordern. Geben können wir nur, was wir empfangen haben.

Gnadenlose Logik oder Logik der Gnade

Reich und arm, die Worte treffen unser Leben nicht nur geistig, im Innern, sondern bis in unsere äußeren Bezüge. Paulus schreibt seinen Grundsatz im Zusammenhang eines Spendenaufrufs.

Läuft's also auf eine übliche Bettelpredigt hinaus? So billig ist die Botschaft nicht. Es geht nicht nur darum, etwas Geld locker zu machen, sondern uns selbst. Es geht um die Verbindlichkeiten des Christseins, um den Preis der Nachfolge Christi. Es geht um die Logik seines Lebens: Wir gewinnen im Geben. Diese Logik berührt uns nicht nur am Rande unseres Besitzes, sondern geht an die Substanz, ans »Eingemachte«. Da muss Reichtum von den einen zu den anderen fließen, bis es zum Ausgleich kommt zwischen Reichen und Armen, unter Christen allemal, meint Paulus (8,14).

In einer Wochenzeitung sah ich folgende Karikatur: Ein Weißer, elegant gekleidet, sitzt gemütlich auf einem Felsen am Meer. An der äußersten Spitze des Felsens hängt ein Afrikaner, er kann sich vor Schwäche kaum noch halten. Der Weiße, von Leckerbissen umgeben, beißt genüsslich in seine Wurst. Unter dem Bild ist zu lesen: »Geduld! Erst muss ich mich stärken, um dir zu helfen.« – Das ist eine gnadenlose Logik. Sie hat in den vergangenen Jahrzehnten dazu geführt, dass Reiche immer reicher und Arme immer ärmer geworden sind. Alles deutet darauf hin, dass die Verteilungskämpfe in Zukunft immer stärker in den Vordergrund treten, im eigenen Land und in der Welt überhaupt. Ob wir uns Wege einfallen lassen, die zu einem Ausgleich führen zwischen Arm und Reich? Oder werden wir kleinkariert und einfallslos nur mit Zähnen und Klauen unseren Besitzstand verteidigen, koste es, was es wolle? Werden wir unsere Überlegenheit ausspielen, unsere eigene Stärke ausbauen, oder werden wir uns für andere stark machen? Welcher Logik folgen wir, der gnadenlosen, oder der Logik der Gnade? Diese Fragen gehen an die Substanz unseres Glaubens und unseres Besitzes.

König Midas wäre in seinem Reichtum fast verhungert. Nach der Sage findet er Erlösung. Er wird in den Fluss Paktolos geschickt und muss ihn gegen den Strom hinaufgehen, bis zur Quelle. So wird er von seiner Schuld befreit. – Es ist nicht leicht, über allem, was heute als Reichtum verkauft wird, *den* Reichtum zu entdecken, von dem der Apostel Paulus spricht. Man muss wohl gegen den Strom schwimmen, zur Quelle, Jesus Christus. Sie verströmt sich »für euch und für alle«.

Sind wir noch im Bilde?

Weihnachtspredigt 1993

Leerer Rahmen

In der Kunstausstellung anlässlich des Berliner Katholikentages 1990 stießen die Besucher gleich am Eingang auf ein eigenartiges Werk. Auf dem Parkettboden lagen zwei große Rahmen aus rostfreiem Stahl, der eine kreisrund, der andere quadratisch, sonst nichts. »Ist das alles?«, fragten sich viele Besucher und schüttelten den Kopf: »Was hat das für einen Sinn?«

Ein leerer Rahmen, in der Mitte ein gähnendes Loch. Wie geht uns das an Weihnachten? Der Rahmen ist wunderbar, wer möchte ihn missen? Und es ist ja wahr: Das Fest muss doch einen Rahmen haben. Aber die Sache selbst, das Bild? Sind wir noch im Bilde?

Manche haben in ihrer Wohnung einen schönen alten Rahmen. Statt des Bildes ist ein Spiegel drin. Der Rahmen mit dem Spiegel: Man steht davor und sieht nur sich selbst. Was feiern wir an Weihnachten: Uns selbst? Unsere Großzügigkeit im Schenken? Unseren guten Geschmack? Ist das alles? Das kann's doch nicht sein. Sind wir noch im Bilde?

Gotteskrise

Man kann ehrlicherweise nicht von Weihnachten reden, ohne von Gott zu sprechen. Da aber geraten wir ins Stocken. Können wir das noch, von Gott sprechen und zu ihm? Hier genau liegt unser Problem. Heute ist viel von der Kirchenkrise die Rede. Die spüren wir auf Schritt und Tritt, nicht nur an den Austritten. Die Kirchen stehen da wie entlaubte Bäume in der Winterlandschaft. Es weht ein kalter Wind – von vorn. Der kann ja durchaus heilsam sein, der muss uns nicht umwerfen. Wenn's nur darum ginge! Die Krise, in die das Christentum in unseren Breiten geraten ist, sitzt tiefer: Sie ist nicht nur eine Kirchenkrise, sondern eine »Gotteskrise«. Kann Gott in die Krise geraten? Er nicht, aber wir mit ihm – und er mit uns.

»Woran Gott stirbt«, heißt eine sehr nachdenkliche Rede des Schriftstellers Martin Walser. Er fragt: »Ob ein Kind, das in einer Familie ohne Gott aufwächst, noch erschrickt, wenn es 15 oder 19 wird und selber erlebt, dass Gott fehlt? Oder vermisst so jemand überhaupt nichts?« – Ich glaub nix, mir fehlt nix! Gott ist einfach kein Thema mehr. »Der die Welt beschimpfende Daumenlutscher ist unser Muster. Dem Daumenlutscher stirbt kein Gott. Er ist sein eigener Gott.« Er genügt sich selbst. Und weiter: Ist uns schon der Schrecken durch die Glieder gefahren, wenn wir »zahnwehhaft scharf spüren, dass Gott fehlt«. Ist Gott nicht auch im Bewusstsein und in der Praxis der Kirchen an den Rand geraten? Er wird »gewartet«, sagt Walser, perfekt gewartet wie eine Maschine. Wo wird er leidenschaftlich gesucht?

Wir reden uns ständig die Köpfe heiß, aber das Herz bleibt kalt. Wir leugnen Gott nicht, aber wir rechnen auch nicht ernsthaft mit ihm. Unser Gott ist weder zu fürchten noch zum Verlieben. Fängt jemand damit an, wird er schnell in die fundamentalistische oder charismatische Ecke gestellt, er gilt als altmodisch und verschroben. So reden und erklären wir alles Mögliche, aber es kommt kaum noch durch, was wir der Welt schuldig sind: dass wir für Gott einstehen. Sind wir noch im Bilde?

Das Sprechen von Gott stammt allemal aus dem Sprechen mit Gott, aus dem Gebet. Das ist das Erste. Kennen wir es noch? Ein Pfarrer erzählte mir, ein junger Mann habe ihn vor einigen Wochen in Verlegenheit gebracht. Er habe ihn gefragt: »Können Sie mir sagen, wie man beten lernt?« Können wir jungen Leuten verständlich machen, was wir meinen, wenn wir singen: »Kommt, lasset uns anbeten ...« »Lasst uns vor ihm niederfallen ...« Da geht man in die Knie. Aber verliert man nicht sein Rückgrat, wenn man »niederfällt«? Nur wer ein Rückgrat hat, kann sich so tief bücken. Er weiß, dass er den aufrechten Gang dem verdankt, vor dem er sich niederbeugt. Und er wird vor nichts und niemandem sonst in die Knie gehen.

Gott steckt in unserer Haut

Sind wir noch im Bilde an Weihnachten? Bei Gott geht es da nicht um blutleere Spekulationen; es geht um uns. Es geht darum, wie groß oder klein wir Menschen von uns selbst denken und von unserer Welt. Nicht zuletzt um der Menschen willen halten wir uns an Gott. Weihnachten sagt uns: Er steckt in unserer Haut. Wir sagen oft: Ich möchte nicht in deiner Haut stecken. Gott hätte das auch sagen können, wahrhaftig. Er hat es nicht getan. Er steckt in unserer Haut. Weder kommt er von oben herab, noch sind wir ihm egal. Er ist ganz einfach mit uns. Auf hebräisch heißt das: Emmanuel. Weil er mit uns ist, deshalb sind wir mehr, als wir haben und aus uns machen, mehr als unser Werk. Gott ist mit uns.

Man kann leicht sagen: Gott, das ist doch heute kein Thema mehr. Da sind wir drüber weg – aufgeklärt, wie wir zu sein uns einbilden. Manche denken gar, das sei der Gipfel der Emanzipation, sich von Gott zu emanzipieren. Oder sie begnügen sich mit dem postmodernen Allerlei: Der eine so, der andere so, jeder stellt sich sein religiöses Menü selbst zurecht. Das geht in aller Regel auf Kosten des Menschen.

»Gott ist tot«, ruft der »tolle Mensch« in Nietzsches »Fröhliche Wissenschaft«. Was aber »ist«, wenn Gott tot ist? Der Schrei »Wohin ist Gott?« findet bei Nietzsche ein Echo, das nachdenklich werden lässt. Es lautet: »Wohin denn der Mensch?« Diese Frage stellt sich heute in aller Schärfe. »Wohin denn der Mensch«, wenn er sich von Gott verabschiedet hat? Geht er zum Teufel? Oder vor die Hunde? Er wird heute immer mehr sein eigenes Experiment. Alles wird technisch produzierbar, am Ende auch der produzierende Mensch. Wer dieser Auflösung der Humanität widerstehen will, der kann das, wenn es zum Schwure kommt, nur im Namen Gottes. Im Menschwerden und Menschsein ist Gott uns allemal voraus. Davon versteht er mehr seit Jesu Geburt im Stall.

Sind wir noch im Bilde? Der Rahmen allein bringt's nicht. Auf das Bild kommt's an, auf das Weihnachtsgeschehen: Gott steckt in unserer Haut. Davor kann man nur den Kopf schütteln, oder man geht davor in die Knie. Wer in die Knie geht, der feiert Weihnachten.

Alle Enden der Erde schauen Gottes Heil

Schrifttext: Jes 52,7-10 – Weihnachtspredigt 1994

Sie fehlen zu Hause an kaum einem Christbaum – die leuchtenden bunten Kugeln. Ist das nur eine schöne Dekoration? Der grüne Baum erinnert an den Baum des Lebens. Die Lichter weisen auf Christus hin: Er ist das Licht der Welt. Und die Kugeln? Eine Kugel hat keinen Anfang und kein Ende, kein Oben und Unten, kein Links und Rechts. Sie ist Symbol für das Ganze – die Erdkugel. Weihnachten ist auf das Ganze ausgerichtet, auf die Eine Welt. »Alle Enden der Erde schauen Gottes Heil.« In diese Botschaft mündet die alttestamentliche Lesung.

Einer für alle

Der Freudenbote, der die Rettung ankündigt, wendet sich zunächst an Israel: »Dein Gott ist König« (Jes 52,7). Er richtet das unterdrückte Volk wieder auf: »Der Herr tröstet sein Volk, er erlöst Jerusalem« (9). Aber er will nicht der Privatbesitz Israels sein. Er zeigt sich »vor den Augen aller Völker. Alle Enden der Erde schauen Gottes Heil« (10).

Israel hat seinen Glaubenshorizont weiten müssen – so wie ein Kind lernen muss: Es dreht sich nicht alles um mich; ich muss die Liebe der Eltern mit den Geschwistern teilen. Ähnlich hat das Gottesvolk lernen müssen, das Beste, was es für sich erwartet, mit den anderen zu teilen: »Alle Enden der Erde schauen Gottes Heil.«

Die Geburt Jesu betrifft nicht nur einige wenige, nicht nur ein bestimmtes Volk, eine Nation, sondern die ganze Menschheit. Der Evangelist Lukas führt den Stammbaum Jesu auf Adam zurück (Lk 3,38). Der steht am Anfang des Menschengeschlechtes: »Einer für alle!« Er ist Inbegriff aller Menschen. Warum konzentriert sich alles auf einen? Weil es um die Einheit aller geht. Augustinus bringt es auf den Punkt: »Es sollte dem Menschen durch die Art der Erschaffung um so eindringlicher die Einheit ans Herz gelegt werden und das Band der Eintracht, in dem die Menschen nicht nur durch die gleiche Natur, sondern auch durch verwandtschaftliche Zuneigung miteinander verbunden wären.«

Ein Adam – eine Menschheit! Die Nachkommen Adams und Evas sind Kain und Abel. Damit ist angedeutet, was das Menschengeschlecht jenseits von Eden belastet und niederdrückt: Lüge und Verrat, Verachtung des anderen, Gewalttat und Krieg. Was wäre, wenn wir Menschen uns selbst überlassen blieben? In diese belastete Menschheitsgeschichte hinein wird Jesus leibhaftig geboren. Er kommt als der neue Adam zur Welt, als der Retter und Heiland. »Einer für alle!« Ein Stammbaum von Adam zu Jesus! Es ist dasselbe Menschengeschlecht, nun aber durch Jesus von Grund auf erneuert und endgültig gesegnet. Er erinnert uns an den gemeinsamen Ursprung, er führt die Menschen geschwisterlich zusammen. Alle sind gleichgewürdigt und gleichberechtigt: Frauen und Männer, Schwarze und Weiße, Gesunde und Kranke. Nicht nur die Hirten kommen nach Betlehem, sondern auch die Weisen aus dem Orient, die Repräsentanten der Völker. Die Geburt Jesu ist nicht etwa nur ein nationales Ereignis, sondern ein universales. »Alle Enden der Erde schauen Gottes Heil.«

Der Limes

Dieser Universalismus, der den christlichen Glauben von seiner Geburtsstunde an kennzeichnet, ist immer eine Provokation gewesen. Er trifft auf eine Welt, in der man sich möglichst gegeneinander abschottet. Schon bald nach Christi Geburt begannen die römischen Kaiser damit, den Limes zu bauen, eine Art eisernen Vorhang. Die jenseits der Grenzen des Reiches nannte man Barbaren. Sie zählten eigentlich nicht als Menschen. Es ist bedrückend zu sehen, wie sich Stammesdenken, Nationalismus und Reichsideologien durch die Jahrhunderte hindurch ausgewirkt haben und mit der Aufklärung ganz und gar nicht erledigt sind. Oft genug haben Christen ihre eigene universale Tradition verraten.

Jüngst hat ein Franzose ein Buch veröffentlicht: »Das Reich und die neuen Barbaren«. Das Reich (sprich: der Norden) schützt sich durch eine Art Limes von Grenz- und Zollbestimmungen vor den Menschen im Süden. Dabei sind die Grenzen, die in unseren Köpfen entstehen, viel gefährlicher als die auf der Landkarte. ›Sollen doch die Afrikaner ihre Probleme selber lösen, lange genug haben wir versucht, ihnen zu helfen. Was geht uns der Konflikt zwischen Türken und Kurden an, zwischen Serben, Kroaten und Muslimen? Sollen sie sich doch selbst einigen.‹ Und am Ende sagt man sich: ›Wir sind ja ohnehin nicht allzu erfolgreich in der Verwirklichung der Gerechtigkeit für alle (siehe UNO), also ziehen wir daraus eine pragmatische Konsequenz: Verzichten wir auf dieses Ideal, und kümmern wir uns um uns selbst, um die eigene Familie, die nächste Nachbarschaft, den eigenen Standort.‹ Menschenrechte – natürlich, das sind wir uns schuldig. Aber doch nicht nur uns, sondern allen!

Der Globus kommt auf einen grünen Zweig

Ein Adam – eine Menschheit. Christus, der neue Adam, hat die Würde der Menschen gerettet. Er führt alle geschwisterlich zusammen. Dieser christliche Universalismus hat die Welt verändert. Er hat die Überwindung von Stammesdenken, Nationalismus und Reichsideologie grundsätzlich möglich gemacht. Wir sind noch lange nicht am Ziel, aber der Weg ist erschlossen, die Initiative ist da. Dass alle Menschen gleichgewürdigt und gleichberechtigt sind, das ist original Jesus. Das hat die Idee der Menschenrechte inspiriert, lange bevor sie in Gesetzen und Verfassungen ihren Ausdruck gefunden hat. Gerade in Sachen Menschenwürde und Menschenrechte darf es keine Grenzen geben. Seitdem Raumschiffe unseren Planeten umkreisen, haben wir die ganze Erdkugel vor Augen. Kaum etwas kennzeichnet unsere Zeit so nachhaltig wie dieser Blick auf das Ganze. Die Eine Welt setzt neue Maßstäbe, fordert Verantwortung für das Ganze. Oder sind wir inzwischen moralisch so provinziell und erschöpft, dass wir über Eigeninteressen und Bedürfnisbefriedigung nicht mehr hinauskommen? Reicht unsere Kraft nurmehr zu einer Art »kleiner Moral«, in der alles unter dem Vorbehalt der Selbstverwirklichung steht und sich darum dreht, wie wir unsere eigene Haut in Sicherheit bringen? Wo wir nur noch unseren Standort im Auge haben und unseren Besitzstand wahren wollen, da verraten wir unsere universale Sendung und geraten in die Provinz. Da wird schließlich aus der Weihnachtsbotschaft eine kleinkarierte Idylle und ein allzu billiger Trost. Da verraten wir das, was wir singen: »Alle Enden der Erde schauen Gottes Heil!«

Der Globus ist ein beliebtes Symbol für Firmen und Gesellschaften, die weltweit arbeiten. Die Vereinten Nationen haben die Weltkugel buchstäblich auf ihre Fahne geschrieben. Jeder sieht, wie sehr sie in ihrem Bemühen um die Eine Welt in die Krise geraten sind. Wir haben als Christen überhaupt keinen Grund, schadenfroh darüber die Hände zu reiben und abseits zu stehen. Wir haben allen Grund, uns entschieden dafür einzusetzen und mitzuwirken, dass wir werden, was wir vom Ursprung her sind: Eine Welt, eine Menschheit, in der jeder Mensch zu seinem Recht kommen soll und in seiner Würde geachtet wird.

Mancher wird denken, damit kommen wir nie auf einen grünen Zweig. Doch: Wir nehmen die Kugel – Symbol der Einen Welt – und binden sie an den Christbaum. Sie kommt auf einen grünen Zweig, so wahr Christus geboren ist. Das ist die Botschaft, die uns in die Pflicht nimmt: »Alle Enden der Erde schauen Gottes Heil.«

Als tiefes Schweigen das All umfing

Schrifttext: Weish 18,14f. – Weihnachtspredigt 1995

Wer schon einmal nichts mehr zu sagen wusste, wem die Worte fehlten oder im Hals stecken blieben, der ahnt vielleicht, was es heißt, wenn in einer sprachlosen Situation sich ein Wort einstellt, nicht irgendein Wort, sondern ein Wort, das an der Zeit ist. Das kann wie eine Erlösung sein.

Das fromme Geschwätz

Es könnte sein, dass wir viel zuviel reden. Die Flut der Wörter in unseren Gottesdiensten, die Flut kirchlicher Verlautbarungen, die Inflation von Papstansprachen, die Papierflut! Ob wir nicht mit all unserem Reden schließlich und endlich Gott totreden? – »Die Flut der Worte, die kaum einzudämmen ist, kommt sie nicht daher, dass die Worte nichts mehr besagen? Und das Geklapper bedeutungslos gewordener Worte, fördert es nicht den Tatbestand, dass nichts mehr zu sagen ist? Die immer stärkere Mache der Worte, die Häufung sinnlos und eilends zusammengeraffter Buchstaben, die die Worte ersetzen sollen, aber nur schlechte Informationszeichen sind, was weist sie anders aus als die Verachtung des Wortes?« (Heinrich Schlier). Vervielfältigungsmaschinen, Rank Xerox-Pastoral! Das viele Reden als Ausdruck von Angst; wie wenn jemand nachts in der Dunkelheit singt oder laut spricht. Es ist ein Irrtum zu meinen, die Probleme seien durch Reden, durch Erklärungen zu lösen.

»Alles Unglück der Menschen liegt darin begründet, dass sie unfähig sind, in Ruhe in ihrem Zimmer zu bleiben« (Blaise Pascal). Bei sich zu Hause sein! Nicht vor sich fliehen in alle möglichen Dinge und Kontakte, die Einsamkeit akzeptieren, in der es möglich ist, sich ohne Verstellungen und Ablenkungen gegenüberzutreten. Um die Wahrheit des eigenen Lebens zu ergründen, müssen die fremden Stimmen schweigen. Schweigen meint nicht bloß, dass ich nichts sage, sondern dass ich die Fluchtmöglichkeiten aus der Hand gebe und mich aushalte, wie ich bin. Schweigend entdecken wir, wie es um uns steht.

»Es fällt dem modernen Menschen schwer, allein zu sein; auf den Grund seines eigenen Ichs zu steigen, ist fast unmöglich für ihn. Sollte er aber doch einmal mit sich selbst im stillen Kämmerlein bleiben und gerade kurz vor der Erkenntnis Gottes stehen, dann macht er das Radio oder das Fernsehen an« (Ernesto Cardenal).

Der Mutterschoß des Wortes

Der Versuch, von Gott adäquat reden zu wollen, ist wie der Versuch, eine Bachsche Fuge auf der Mundharmonika zu spielen. Er kann nur zur blässlichen Ahnung geraten, was uns in der Sprachlosigkeit und im Verstummen viel näher ist. Wer Gott nur bespricht, verschweigt das Wichtigste. Für das Unfassbare ist Schweigen das beredteste Zeugnis.

»Als tiefes Schweigen das All umfing
und die Nacht bis zur Mitte gelangt war,
da stieg dein allmächtiges Wort, o Herr,
vom Himmel herab ...«

Aus dem Schweigen kommt das Wort in unsere Sprache. Es kommt durch die Nacht. Das Schweigen ist der Mutterschoß des Wortes. Es findet dort am ehesten die Sprache, die an der Zeit ist, wo es aus dem Schweigen geboren wird. Wer nicht schweigen kann, darf eigentlich nicht von Gott reden.

Vielleicht können wir die Leute viel mehr durch Schweigen bekehren. Statt dessen sind wir pausenlos in Betrieb, um andere zur Besinnung zu bringen. Wir reden am laufenden Band. Das Schweigen ist mit dem Wort eins (Max Picard). Schweigen ist das, was dem Wort und der Sprache immer wieder das Ausruhen und die Erholung, die Rekreation gewährt. Als der Abt Pambo um ein Logion für einen Bischof gebeten wurde, antwortete er: »Wenn er keinen Gewinn von meinem Schweigen hat, dann wird er auch von meiner Rede keinen Nutzen haben.«

»Als tiefes Schweigen das All umfing ...« Gott kommt im Schweigen zur Welt, in der Mitte der Nacht, wenn es ganz still geworden ist. Er kommt nicht mit lauten Fanfaren wie die Herren der Welt. Er verschafft sich nicht Gehör mit Ausrufern und Lautsprechern. Das Wort Gottes ergeht in der Stille.

Gott kommt ganz leise zur Welt, unscheinbar, als kleines Kind. Nur wahrnehmbar für die, die nicht Ohren und Kopf voll haben mit Lärm und Unruhe. Die Hirten sind Menschen, die schweigen und in die Stille der Nacht hinaushören können. Sie sind die ersten, die wahrnehmen, wer dort die Erde betreten hat. »Man vermag dem Wort nicht besser als mit Schweigen und Hören zu dienen« (Tauler).

Kam ein Wort

»Kam ein Wort, kam,
kam durch die Nacht,
wollt' leuchten, wollt' leuchten«. (P. Celan)

Das Kommen ist nicht nur inhaltlich, sondern auch formal zum Ausdruck gebracht, in den Wiederholungen, in dem subjektlosen bloßen Verb, das sich bewegt, stockend, als ob es sich unter den gegebenen Umständen nicht entschließen könnte, schwerfüßig, unermüdlich. Aber schließlich kommt es dann doch: Kam ein Wort.

Wer schon einmal nichts mehr zu sagen wusste, der ahnt vielleicht, was das heißt. Der Weg, den das Wort nimmt, die Zeit, die es durchmisst, die Wortnacht ist unheimlich. Das Wort kam durch die Nacht, nicht ohne sie, nicht über sie hinweg, sondern durch die Nacht hindurch, in die Nacht eingetränkt, voll Nacht.

Wenn in einer solchen Zeit, in der uns die Worte genommen sind, wenn in einer solchen Nacht ein Wort kommt, nicht irgendein Wort, sondern ein einleuchtendes Wort: »wollt' leuchten, wollt' leuchten ...« – Welche Hoffnung!

Wer dieses Gedicht durchbuchstabiert, wird ahnen, was das kosten kann, etwas zu sagen, und zwar nicht irgend etwas, sondern ein Wort, das leuchtet, Licht bringt. Eine Sprache, die hindurchgeht »durch ihre eigenen Antwortlosigkeiten, hindurchgeht durch furchtbares Verstummen, hindurchgeht durch die tausend Finsternisse todbringender Rede« (Paul Celan).

Wer dieses Gedicht durchbuchstabiert, wer bedenkt, woher es kommt, der wird den Johannesprolog besser verstehen:

»Im Anfang war das Wort,
und das Wort war bei Gott,
und das Wort war Gott.«

»Stille Nacht – heilige Nacht«. Ob wir selbst stille werden können in diesen Tagen? So wie die Hirten, wachend und lauschend. Das Schweigen ist die Grundvoraussetzung dafür, dass Gott in uns zu Wort kommen kann. Ob es uns gelingt, diese Ruhe zu finden? Keine Friedhofsruhe, sondern eine Ruhe, die auf das göttliche Wort wartet und sich von ihm ansprechen lässt. Eine »himmlische Ruhe« statt des höllischen Lärms!

Botschaft, die uns auf die Beine bringt

Schrifttext: Lk 2,15-20 – Weihnachtspredigt 1996

Wie Weihnachten

Ein Gefühl wie Weihnachten! Das kennen Sie doch. Haben Sie es in diesen Tagen gehabt? Vielleicht haben Sie es noch. Was ist das eigentlich? Wie eine andere Welt: Der Himmel öffnet sich. Da kann man die Engel singen hören. Erfahrungen an der Grenze – nicht nur auf den Feldern von Betlehem.

Wenig später ist der ganze Glanz verflogen. Kein Engel ist mehr zu sehen, die Hirten sind wieder allein. Alles Alltag. – Ein atemberaubender Szenenwechsel. Wie bringen wir das zusammen: Himmelschöre und unsere dunkle Erde, das strahlende Fest und unseren grauen Alltag?

Ich will das »Gefühl wie Weihnachten« nicht madig machen. Es kann ja etwas dahinterstecken. Eine Ahnung, dass wir nicht vom Brot allein leben, dass die Liebe größeres Recht hat als der Hass, dass die Armen, die Fremden zu uns gehören. Wir ahnen, dass es einen »Mehrwert« des Lebens gibt, eine bessere Welt. Wie ist die nur mit unserer alltäglichen Lebenswelt zusammenzuhalten? Da, an diesem Punkt holen uns die Hirten ab. Da laden sie uns zu sich ein.

Von Mensch zu Mensch

»Als die Engel die Hirten verlassen hatten ...«, so beginnt das Evangelium heute morgen. Also – die Engel sind weg. Was nun? Aus der Traum? Ist Weihnachten vorbei? Ist alles beim Alten? Wo bleibt denn das »Gefühl wie Weihnachten«? Die Hirten haben die Engelbotschaft im Ohr. Sie sind nicht enttäuscht oder verdrossen, sie sind gewiss, dass der Himmel auf Erden zu finden ist. Für sie gibt es nur noch eins: Sie wollen sehen, was ist. »Kommt, wir gehen nach Betlehem, um das Ereignis zu sehen, das uns der Herr verkünden ließ« (15).

Was sehen sie? »Maria und Josef und das Kind, das in der Krippe lag« (16). – Was hat das mit Engeln und Himmel, was hat das mit Gott zu tun? Kann Gott sich so sehen lassen? Hier zeigt er sein wahres Gesicht. Er begegnet uns in Augenhöhe, von Mensch zu Mensch. Ein hilfloses Kind ist nicht unbedingt ein überwältigender Gottesbeweis, für viele eher eine Zumutung. Und doch, näher war Gott nie: All denen, die selbst hilflos sind und angewiesen auf Schutz und Wärme; all denen, die leicht übersehen werden und an denen man am liebsten möglichst schnell vorbeigeht; uns allen in unserer Zerrissenheit und unserem Hunger nach Leben.

Gott begegnet uns im Alltag der Welt, nicht erst am Ende der Zeiten und in unendlicher Distanz; er ist schon jetzt mitten unter uns. Im Gewöhnlichen ist er zu finden, der ganz und gar Ungewöhnliche. Gott führt uns nicht aus der Geschichte heraus, sondern tiefer in sie hinein.

Bewegung statt Sitzung

Es ist gar nicht so einfach, richtig Weihnachten zu feiern. Mit dem »Gefühl wie Weihnachten« allein ist es nicht getan. Wo ist eigentlich mein Platz in dieser Geschichte? Vielleicht bei den Hirten? Wer sich ihnen anschließt, bringt sich selber mit: neben allem, was ihn erfüllt, auch die Leere; neben allem Reichtum auch die Armut; das, was gelang und was in die Brüche ging.

Von den Hirten heißt es hier: »Sie eilten hin« (16). Das mag vielen zu schnell gehen. Wer kann schon mit ihnen Schritt halten, wenn der Glaube knapp geworden ist. Was für sie damals ein schneller Weg war, ist für uns eine lange Reise mit viel Gepäck. Unsere Schritte sind schwer geworden, und manches liegt quer und versperrt uns den Zugang.

Ich möchte mit den Hirten gehen. Ich möchte von ihnen lernen, dass kleine Schritte mehr bringen als große Worte. Ich möchte mich von ihnen bewegen lassen. Bewegung, das ist etwas anderes als »Sitzung«. Die beschäftigen uns stundenlang. Und man wird oft in den quälenden Diskussionen den Eindruck nicht los: Es bewegt sich nichts. Wird man von der Kirche unserer Tage sagen können: »Und sie bewegt sich doch!«? Bringt uns die Weihnachtsbotschaft auf die Beine, hin zu den anderen Menschen?

Wir können von den Hirten lernen, dass es darauf ankommt, die Sache selbst in die Hand zu nehmen. Sie geben den Fall nicht an eine Kommission weiter. Die hätte getagt, Ausschüsse gebildet und wieder getagt, und schließlich hätte sie die Heilige Nacht vertagt oder verschlafen. So nicht! Die Hirten wissen sich selbst gerufen und gefordert. Was sie hören, erzählen sie weiter (vgl. 17). Sie werden zu Boten der Botschaft, die sie empfangen haben. Sie, die ganz einfachen Leute, die Nicht-Studierten, die Laien, sie sind die ersten Boten des Weihnachtsevangeliums in ihrer Alltagswelt. Gott braucht Zeugen, die mit ihrer Glaubenserfahrung nicht hinterm Berg halten. Erzählen wir, was wir glaubend erleben?

Im Alltag

»Die Hirten kehrten zurück, rühmten Gott und priesen ihn für das, was sie gehört und gesehen hatten« (20). Das Gotteslob wird laut im Alltag ihrer Welt. Dort sind sie von der Ankunft Gottes getroffen worden, dort erfüllt sich ihre Sendung. Ich wünsche mir, wir könnten etwas von diesem Lob in unseren Alltag rüberbringen. – Das »Gefühl wie Weihnachten« in Ehren, es bringt uns auf Spuren, die weit über uns selbst hinausführen. Aber auch der schönste und spannendste Weg beginnt mit dem ersten Schritt. Den müssen wir selbst tun, hinein in unsere alltägliche Welt. Dort ist unser Platz, dorthin sind wir gerufen; aber nicht so, als sei nichts geschehen. Aus den Hirten sind keine Könige geworden, und doch hat sich bei ihnen etwas getan, wie bei Menschen, die dem Leben auf die Spur gekommen sind – in dem neugeborenen Kind. In ihm schenkt Gott uns allen einen neuen Anfang. Wir sind nicht am Ende, weder mit der Welt noch mit der Kirche noch mit uns selbst, mit niemandem. Wir können anfangen.

Er trägt das All

Schrifttext: Hebr 1,1-6 – Weihnachtspredigt 1997

Globalisierung

Was kennzeichnet das zu Ende gehende zwanzigste Jahrhundert? Vielleicht fällt Ihnen ein Wort ein, ein Bild, das das Besondere auf den Punkt bringt. Ich meine, ganz typisch sei der Blick des Weltraumfahrers auf die Erde. Sie kennen das Bild: Unser blauer Planet mitten im schwarzen All. Zum ersten Mal in der Menschheitsgeschichte haben wir die ganze Erde vor Augen, nicht nur in unseren Träumen und Phantasien, sondern real. Ungeheuerlich: Der Blick von außerhalb auf den Globus.

Das hat unsere Perspektive von Grund auf verändert. »Globalisierung« sagen wir, nicht von ungefähr. Die Entfernungen zwischen den entlegensten Enden der Erde spielen kaum noch eine Rolle: globale Kommunikation, globale Wirtschaftsbeziehungen, globale Finanzmärkte. Die Schlagbäume fallen, einer nach dem anderen. Eine Welt! Nur durch den Markt? Nur durch die harte Währung? An einem Punkt stehen wir mit der Globalisierung noch ganz am Anfang. Ohne eine religiöse und moralische Globalisierung hat die »Eine Welt« keine Zukunft.

Es geht ums Ganze

Eigenartig: Im selben Augenblick, in dem wir zur Weltgesellschaft aufbrechen, scheint sich unsere Religiosität zurückzuziehen. Sie gehört – denken viele – ganz in den Privatbereich, sie ist etwas fürs Herz. Weihnachten: die Krippe, das Kind, die Heilige Familie, ganz innerlich, ganz persönlich. Ist das alles? Ich achte das nicht gering. Die Weihnachtsbotschaft rührt uns an bis in den innersten Winkel unserer Seele. Aber sie weitet zugleich unseren Horizont bis zum äußersten, bis an die Grenzen der Erde und darüber hinaus. Zwar steht ein Familienschicksal in der Mitte – Maria und Josef mit dem Kind –, aber wie im Brennpunkt für die ganze Menschheit, für das Drama ihrer Geschichte. Der da weihnachtlich zur Welt kommt, lässt sich nicht in den Stall von Betlehem einsperren. Er hat mit dem Ganzen zu tun. Das ist die Weihnachtsbotschaft des Hebräerbriefes. Zwei Wörter kehren darin immer wieder: Er (Christus) und das All. »Er trägt das All ...« (3), er trägt den Globus:

◆ *Er,* nicht etwas nur steht am Anfang des Ganzen. Die Mitte der Welt ist nicht blinde Energie, nicht gesichtsloses Schicksal, nicht namenlose Materie, nicht irgend etwas Überirdisches, sondern eine gelebte und bis in den Tod durchlittene Menschengeschichte. Sie ist Gottes Geschichte mit uns. Gott – in Person – mit Herz! Er hat für uns ein klares Profil: Jesus Christus.

◆ Er trägt das *All.* Christen geben eine Antwort nicht nur für einen Standort oder eine Familie oder gar nur für die eigene Seele. Es geht uns ums Ganze, es geht uns ums All. Den Himmel, den Kosmos überlassen wir nicht den Engeln und Spatzen, auch nicht den Ufologen und findigen Medienmachern, sondern Christus, den Gott »zum Erben des Alls eingesetzt« hat (2). Das ist Globalisierung – christlich! Sie ist uns nicht erst mit dem Blick der Weltraumfahrer aufgegangen, sie ist uns mit Jesus Christus in die Wiege gelegt.

◆ Er *trägt* das All. Seit Jahrhunderten schon wird Christus dargestellt mit dem Globus in der Hand – das Jesuskind mit der Weltkugel. Wir brauchen uns nicht als Atlas zu gebärden, das kann nur böse enden. Wenn wir die Welt selbst in die Hand nehmen wollen – wir würden uns maßlos überheben. Er trägt das All! Nehmen wir das als Herausforderung an, uns als Christen aktiv in die Entwicklung zur Weltgesellschaft einzumischen?

Gottes Vorgabe

Eine Globalisierung, die unter dem Diktat des technischen Fortschritts und des ökonomischen Nutzens steht, gerät in einen Teufelskreis: Wachsender Gewinn der einen geht in aller Regel auf Kosten anderer, und derzeit nicht zuletzt auf Kosten der Erde und ihrer Atmosphäre. Was not tut, ist eine ethische Globalisierung. Allerdings, wenn dabei der Wurzelgrund des Glaubens fehlt, dann bleiben wir nur allzu leicht im Moralismus hängen. Wir plakatieren die Zukunft mit immer neuen Appellen – und es bleibt doch alles beim alten, weil der sogenannte Sachzwang und die Eigendynamik des Marktes viel stärker sind. Nicht die Forderungen und Appelle, nicht unsere moralischen Leistungen bringen das Heil. Wir leben von dem, was wir nicht machen können, von einer Vorgabe, die von ganz woanders herkommt.

Genau das sagt die Weihnachtsbotschaft des Hebräerbriefes: Ursprung und Ziel der ganzen Schöpfung sind tief eingewurzelt in Gottes Liebe, in

Jesus Christus. Durch ihn ist alles erschaffen (2), er trägt das All. Wir brauchen beim globalen Bemühen um Menschenrechte und Menschenpflichten nicht bei Null anzufangen, nicht bei der kleinen eigenen Entscheidung. Wir dürfen immer schon antworten auf jene Vorgabe, die uns in Jesus Christus entgegenkommt. Er bringt das, was unser Herz ersehnt: Gerechtigkeit ohne bitteren Nachgeschmack. Freude, die niemanden ausschließt. Leben, das auch durch den leiblichen Tod nicht ausgelöscht werden kann. Er trägt das All. Weil die Welt von Christus getragen ist, geben wir die Sehnsucht nach einer besseren Welt nicht auf, unser Glaube bestärkt uns darin. Die Person Jesu Christi, sein Leben und seine Botschaft sind für uns der Maßstab, mit dem wir jeden Anspruch auf Weltverbesserung messen.

Die Abtei Maria-Wald in der Eifel hat einen Kapitelsaal mit einem spätgotischen Netzgewölbe. Der Schlussstein, der alles trägt, ist ein Herz. Im Laufe der Jahre hat einer der Mönche wohl, ohne zu wissen, was er tut, einen Haken in diesen Schlussstein gebohrt – vielleicht, um einen Adventskranz daran aufzuhängen. Das durchbohrte Herz, das alles trägt, mit dem Haken, an dem alles hängt. »Er trägt das All.«

Gott geht in die Knie

Schrifttext: Joh 1,11 – Weihnachtspredigt 1998

In Augenhöhe

Haben Sie das schon bedacht? Wenn eine Mutter, ein Vater mit ihrem Kind spielen, dann bleiben sie nicht stehen und schauen von oben herab zu. Sie gehen in die Knie, in Augenhöhe mit dem Kind. Und sie basteln eigens Laute und Wörter, die das Kind versteht.

Warum machen sie das eigentlich? Das ist doch lächerlich, denkt mancher, Kinderei! Hat das Kind nicht viel mehr davon, wenn es die Eltern in ihrer vollen Größe vor sich sieht, wenn es ihren mächtigen Schutz erfährt, wenn der Vater die Hand drüber hält …? Gut! Doch, wenn das Kind glücklich spielt oder im Unglück weint, dann gehen wir in die Knie. Wir lassen uns auf seine Situation ein. Wir möchten ihm unmittelbar in die Augen schauen, ihm ganz nahe sein. Wir werden klein, damit das Kind ganz groß wird.

So macht Gott das mit uns. Allmacht und Erhabenheit sind für ihn nicht alles. Er ist so frei und geht in die Knie, dorthin, wo wir sind. Er erlebt das Leben aus unserer Perspektive. »Ihr werdet ein Kind finden, das, in Windeln gewickelt, in einer Krippe liegt« (Lk 2,12). Windeln und Futtertrog sind die Zeichen, an denen man ihn erkennt. Jämmerlich – oder? Wir würden sagen: So kann man doch mit Anstand nicht geboren werden. Er wohl!

Ein bedürftiges Kind ist nicht unbedingt ein überwältigender Gottesbeweis, für viele eher eine Zumutung. Und doch, näher war Gott uns nie. Er kommt nicht als strahlender Held zur Welt, sondern als Kind wie unsereins. Wir, die wir nach dem Besonderen schielen – ganz exklusiv, werden zurückgewiesen auf unser gewöhnliches Leben. Im Gewöhnlichen ist er zu finden, der ganz und gar Ungewöhnliche, eben dort, wo wir sind.

»Ich weiß nicht, ob der Himmel niederkniet,
wenn man zu schwach ist, um hinauf zu kommen?« (Christine Lavant)

Christen glauben an diesen Kniefall Gottes. Darum feiern wir Weihnachten. Gott ist nicht von oben herab. Er begegnet uns in Augenhöhe, von Mensch zu Mensch. Ist das nicht unter seinem Niveau, unter seiner Würde? Die Theologen der frühen Kirche wiederholen immer neu diesen Satz, der in der modernen Psychologie seine Bestätigung findet: Nichts kann geheilt und erlöst werden, was nicht angenommen ist. Das ist das Geheimnis der Menschwerdung.

Gott lässt sich auf unsere Situation ein, auf unsere Ebene. Er hat sich weit hinausgewagt in die Fremde. Er hat sich nicht nur weit aus seinem himmlischen Fenster herausgehängt, er ist bis zum äußersten gegangen, bis in den letzten Stall, um auch die letzten zu erreichen, die hergelaufenen Hirten – und schließlich auch uns. Ist das Schwäche? Das ist stark!

Ist Gott zu weit gegangen? So weit, wie ihn die Liebe geführt hat, bis in die Knie. Er hat's getan, nicht um sich's leicht zu machen oder sich gar anzubiedern, sondern weil ihm so sehr an der Welt liegt und er nichts und niemanden zum Teufel gehen lassen will.

Stallgeruch

Damit ist für uns der Weg vorgezeichnet, damit sind Maßstäbe gesetzt. Davon darf man an Weihnachten nicht schweigen. Die Kirche bleibt nur dann die Kirche Jesu Christi, wenn sie sich wie er herauswagt in die Fremde, die doch zugleich »sein Eigentum« (Joh 1,11) ist. Stimmt das denn, dass wir uns viel zu sehr auf die Welt einlassen? Sollen wir etwa neu damit beginnen, uns abzuriegeln gegen die Welt, um hinter verschlossenen Türen weiter zu glauben? Wenn wir uns nur nach allen Regeln der (theologischen) Kunst absichern vor der Welt, kommen wir schließlich gar nicht mehr in den Stall, wo die Geburt stattfindet – aus Angst, dass wir uns die Hände dreckig machen und die saubere Weste. Wer nicht in den Stall geht, verpasst die Menschwerdung Gottes.

Keine Frage, es gibt die Gefahr einer naiven modischen Anpassung und eines liberalistischen Minimalismus. Wer auf dieser Welle mitschwimmt, driftet ab. Unverbindlichkeit und Grau in Grau haben wir in unserer Unterhaltungsgesellschaft zuhauf, das muss man nicht noch religiös reproduzieren. Im Pluralismus dient es niemandem, wenn alle zum Verwechseln ähnlich sind. Da muss man vielmehr Farbe bekennen – und dies nicht nur im Wort, sondern im Lebenszeugnis, mitten in der Welt, sozusagen im Stall. Diesen Stallgeruch können und dürfen wir gar nicht ablegen.

Seit Weihnachten können wir nicht mehr von Gott sprechen ohne die Welt, nicht mehr zu ihm kommen ohne die anderen. Was zu sagen und zu tun ist, das wissen wir nicht alles schon vorweg, unabhängig von dem, was uns hier und jetzt begegnet. Das wissen wir oft erst, wenn wir wie der Vater, wie die Mutter in die Knie gehen, in Augenhöhe mit den anderen, wenn wir uns auf sie einlassen in der Leidenschaft des Glaubens, der das geknickte Rohr nicht ganz zu Bruch gehen lässt und den glimmenden Docht nicht erlöschen lässt.

Sich in die Fremde wagen

Denke niemand, das sei der einfachere und bequemere Weg. Wer das sagt, hat keine Ahnung von dem, worum es hier geht. Wissen die, die sich einschlägig immer wieder zu Wort melden, denn überhaupt, was das heißt, sich herauszuwagen in die Fremde, sich fremden Einsichten und Argumenten auszusetzen und mit Sachkenntnis und mit Argumenten für die Wahrheit einzustehen? Das geht an die Nieren. Wer sich darum bemüht, ist angefochten durch das, was er sieht und hört, wenn er sich auf die Abgründe des Lebens einlässt. Wie soll er das mit Gott zusammenbringen? – Er ist herausgefordert, neue Einsichten und Erfahrungen in die Sprache des Glaubens zu bringen und in Taten der Liebe. Das ist nicht diplomatisch zu händeln, das geht durch uns hindurch, durch und durch.

Gott geht in die Knie, er lässt sich ein auf unsere Welt. Die Hirten und die Weisen haben sich davon bewegen lassen und sind in den Stall gekommen. Wovon und wohin lassen wir uns bewegen?

Das Licht der Welt erblicken

Schrifttext: Joh 1,1-18 – Weihnachtspredigt 1999

Zwischen Licht und Dunkelheit

»Das Licht der Welt erblicken ...« Sie, ich, wir alle haben das Licht der Welt erblickt. Hintergründig dieses Wort, es weist auf unsere Geburt hin, es deutet an, woher wir kommen: aus der dunklen Bauchhöhle, aus dem Mutterschoß. Höhle, Grotte, Nacht – die Bilder sind uns gerade in den Weihnachtstagen vertraut. Sie erzählen auch von unserer eigenen Geschichte. Der dunkle Schoß ist Urbild unserer Herkunft. Er sitzt uns in den Knochen, wenn wir das Licht der Welt erblicken.

»Es werde Licht«, sagt Gott am Anfang der Welt (Gen 1,3). Sein erstes Wort! Licht ist Leben. Gott ist ein Freund des Lebens. Darum möchte er, dass wir das Licht der Welt erblicken und die Wahrheit ans Licht kommen lassen, aufklären und erhellen, wärmen und heilen. Aber die Dunkelheit haben wir nicht ein für allemal hinter uns, wenn wir das Licht der Welt erblicken. Die hat Gott sich und uns nicht erspart.

Überdenken wir unser zwanzigstes Jahrhundert. Zweifellos hat es enorme Schritte gebracht in der Entwicklung der Menschheit: Deklaration der Menschenrechte, Gleichberechtigung der Frauen, Fortschritt in Medizin und Technik – Lichtblicke. Aber die langen Schatten sind damit nicht aus der Welt geschafft. Ich habe 1932 das Licht der Welt erblickt. Im Jahr darauf (1933) kam Hitler an die Macht. 1939 brach der Zweite Weltkrieg aus. 1945 brachte nicht nur das Ende des Krieges; zum ersten Mal wurde damals über einer von Menschen bewohnten Stadt eine Atombombe gezündet. Sie hat mit ihrer grellen Stichflamme die Welt in eine noch nie dagewesene Dunkelheit gestürzt. Wir leben nach Hiroshima, nach Auschwitz, mit den Kriegen auf dem Balkan und in Tschetschenien, im Sudan und im Kongo. Weiß Gott, wir haben das Dunkel nicht hinter uns, von unseren persönlichen Finsternissen ganz zu schweigen. Wir haben das Licht der Welt erblickt – und ihre Dunkelheit ...

Licht aus Betlehem

... und feiern Weihnachten, das Fest der Geburt Jesu. Vor zweitausend Jahren hat er das Licht der Welt erblickt. Nicht das Licht einer erdachten oder erträumten Extrawelt, sondern der Welt mit Groznyj und Moskau, mit Caracas und Washington. In diese unsere Welt hat Gott den Namen Betlehem eingeschrieben. Er ist dorthin gekommen, wo wir sind, dorthin, wo Schafställe stehen und Futterkrippen, dorthin, wo Sünder und Sünderinnen sind, Aussätzige und verlorene Söhne, dorthin, wo man Gerechte verhöhnt und aufs Kreuz legt. Er steckt in unserer Haut. Und da ist nicht alles Licht, oft genug sieht es ganz finster aus. Er hat das Licht der Welt erblickt – und ihre Dunkelheit.

Merkt man das in der Art, wie wir Weihnachten feiern? Zweitausend Jahre danach haben wir längst unser eingefahrenes Ritual, haben wir uns unseren eigenen Reim auf Weihnachten gemacht. Die Erlebnisgesellschaft inszeniert Weihnachten zum Kuschel-Event für Harmoniebedürftige. Sie blendet das Irdische aus und stellt schließlich den Inhalt des Festes auf den Kopf: Statt dass Gott Mensch wird, zur Welt kommt, werden Menschen mit allem möglichen Zauber in weltfremde Träumereien entführt. Statt dass Weihnachten unter die Haut geht, hebt es ab in den blauen Dunst. Was hat das mit dem Ursprung zu tun? Ist es aufrichtig, wahrhaftig? Holen wir nur ein bestimmtes Inventar aus der Schublade und packen es nach ein paar Tagen wieder weg? Ist Weihnachten schöne Kulisse, oder ist es Leben? Geht uns ein Licht auf?

Jesus hat das Licht der Welt erblickt – nicht von ungefähr; denn nun kommt der springende Punkt: Er hat das Licht der Welt erblickt, damit wir ihn als das Licht der Welt erblicken. Das Wort wendet sich – an uns. »Das wahre Licht, das jeden Menschen erleuchtet, kam in die Welt« (1,9), sagt das Weihnachtsevangelium. »In ihm (Christus) war das Leben, und das Leben war das Licht der Menschen« (1,4). Licht aus Betlehem.

Da geht mir ein Licht auf

Ohne Licht sieht man nichts, aber das Licht kann man nicht sehen. Nur wenn es sich bricht, nehmen wir es wahr; besonders anschaulich beim Regenbogen: Das Sonnenlicht bricht sich in den Regentropfen. Wenn wir bemaltes Glas in die Hand nehmen, sieht es dreckig aus. »Stained glass«, sagen die Engländer, schmutziges Glas. Wenn wir es gegen die Sonne halten, beginnt es zu strahlen. Bricht sich das Christuslicht in der Welt, in den Menschen, dann leuchtet es, dann kann man es auch heute wahrnehmen.

Viele fragen: Wo denn? Zweitausend Jahre Christentum, und die Welt ist nach wie vor belastet durch Korruption und Affären, zerrissen durch Hunger, Gewalttat und Krieg. Das Christentum selbst hat lange Schatten geworfen, bis heute. Viele sehen schwarz, wenn sie Kirche hören. Sie verlieren das Licht aus den Augen, die Lichtspur, die sich von Christus her durch die Jahrhunderte zieht. Das Christuslicht hat sich in Menschen gebrochen, vorab in den Heiligen. Es hat Geschichte gemacht – nicht nur Kirchengeschichte. An dieses Licht kann man sich halten, wie an Orientierungslichtern bei Nachtfahrten und Nachtwanderungen:

- Jeder Mensch ist Mensch, nicht der eine mehr, der andere weniger, nicht der eine wertvoll, der andere unwert. Jeder Mensch ist Mensch. Er hat nicht nur einen Wert, sondern eine unantastbare Würde. Das kommt von Jesus her. Das ist »Licht aus Betlehem«.
- Die geschlagenen und gescheiterten Menschen, die Armen und Schwachen, die Opfer und Verlierer, die am Boden liegen – manche denken vielleicht: der letzte Dreck, kaputte Typen. Wenn man sie wie die Glasscherbe aufnimmt und gegen das Licht hält, beginnen sie zu leuchten – eine unzerstörbare Würde. Das kommt von Jesus her. Das ist »Licht aus Betlehem.«
- Was ist unser Leben angesichts des Todes? Kein Mensch kommt um diese Frage herum. Wer bringt Licht ins Dunkel des Todes? Das kommt von Jesus her. »Licht aus Betlehem.«
- Man kann dieser Lichtspur durch zwei Jahrtausende nachspüren. Und dann kann es geschehen – Sie kennen das: »Mensch, da geht mir ein Licht

auf.« Eine kostbare Erfahrung, wie ein Geschenk des Himmels. Das kann man nicht machen, das verdanken wir nicht uns selbst. Es geht mir auf. Das Licht ist in mir, es leuchtet mir ein. Es gehört so zu mir, dieses Christuslicht aus Betlehem, sein Wort, sein Leben, sein Geist, dass ich mir das Leben ohne ihn nicht mehr vorstellen kann. Da geht mir Sein Licht auf, und ich strahle. Das ist wie Weihnachten, auch zweitausend Jahre danach, heute!

Die Macht des Ohnmächtigen

Karfreitagspredigt 1998

Ist das stark, was wir gerade als Leidensgeschichte hörten? Ein Gottessohn, der qualvoll am Kreuz stirbt – das ist doch schwach. »Gott, mein Gott ...« Das ist doch weit unter deinem Niveau! Oder? Was ist stark – und was ist schwach?

Eine Schwäche für die Schwachen

Damit fängt's an bei Jesus – seine erste Predigt – in Nazaret:

»Der Geist des Herrn ruht auf mir:
denn der Herr hat mich gesalbt.
Er hat mich gesandt,
damit ich den Armen eine gute Nachricht bringe;
damit ich den Gefangenen die Entlassung verkünde
und den Blinden das Augenlicht:
Damit ich die Zerschlagenen in Freiheit setze ...« (Lk 4,18).

Die Armen, die Gefangenen, die Blinden, die Zerschlagenen, zu ihnen allen ist er an erster Stelle gesandt. Dahin treibt ihn der Geist. Dazu ist er mit dem Geist gesalbt. Ist das stark? Das ist doch schwach.

Jesus ist nicht der stahlgehärtete Siegertyp, der unberührt an den Leidensgeschichten der Menschen vorbeigeht oder über sie weg. Er geht die dunklen Wege der Ohnmacht und Niederlagen mit bis zum toten Punkt. Er verzichtet im Ölgarten auf das Schwert. Er geht freiwillig in ein Gerichtsverfahren, das ihm keine Chance lässt. Er lässt sich lieber niederschlagen und aufs Kreuz legen, als dass er andere niederschlägt.

Die Leute sagen: Wenn du der Sohn Gottes bist, dann gib uns doch ein Zeichen deiner Stärke; wenn du der Sohn Gottes bist, dann steig herab vom Kreuz; wenn du der Sohn Gottes bist, dann verwandle die Steine in Brot, dann stürz dich vom Felsen, denn es passiert dir doch nichts. Welch ein Irrtum! Diesem Sohn Gottes passiert fast alles, was einem Menschen zustoßen kann.

Ist das Schwäche? Von außen betrachtet mag das so scheinen, in Wahrheit liegt da Gottes Stärke und verwandelnde Kraft. Sie bewegt etwas, sie verändert die Verhältnisse von Grund auf. Die Stärke, die sich die Starken gegenseitig zusprechen, einander weitergeben oder entreißen, erhält den Status quo: hier Mächtige, dort Ohnmächtige. Jesus dagegen lässt uns Gott gerade in der Ohnmacht entdecken, am toten Punkt: »Wenn ich schwach bin, bin ich stark!« Seine verwandelnde Macht umfängt nicht nur die Starken, sondern auch und gerade die Schwachen. Die Allmacht Gottes ist jene Macht, die sich auch auf die Letzten bezieht. Gott ist nicht allmächtig, weil er vordergründig alles kann, was er will, sondern weil er auch noch die Macht der Vergeltung durch die Macht der Liebe verwandeln kann, weil er auch denen zugewandt bleibt, die es nicht verdienen. Solche verwandelnde Liebe ist die größere Macht, weil sie neue Energien freisetzt, neue Wege aufstößt, eine neue Schöpfung entstehen lässt. Martin Luther King hat das schon richtig verstanden: »Macht mit mir, was ihr wollt, ich werde euch dennoch lieben.« Ist das schwach? Das ist stark!

»Wenn ihr aufhören könnt zu siegen«

In unserer Gesellschaft läuft vieles völlig anders. Da geht's um die, die auf Power setzen, die strahlenden Aufsteiger und Siegertypen, eiskalt, knallhart, die Erfolgreichen, die bestimmen das Bild unserer Gesellschaft. Und ein großes Heer bleibt auf der Strecke: die Arbeitslosen, die Wohnsitzlosen, die psychisch Obdachlosen, die Drogenabhängigen. Dieses Heer wächst ständig in unserer Erfolgsgesellschaft. Schwächen dürfen nicht sein. Die pränatale Diagnostik fahndet nach den Schwächen der Ungeborenen, ohne im Grunde Hilfen anzubieten. Dann wird schließlich aus der Fürsorge für Schwache, Behinderte eine »Entsorgung« von schwachen Menschen. Die Starken bleiben übrig, die Schwachen werden aussortiert. Genetische Auslese, Neudarwinismus.

In Christa Wolfs Kassandra sagt die Seherin den Eroberern von Troja: »Wenn ihr aufhören könnt zu siegen, wird diese eure Stadt bestehen.« An die Wagenlenker gewandt fügt sie hinzu: »Ich weiß von keinem Sieger, der es konnte.« Kann man in dieser Welt nur als Sieger leben? Gibt es keine andere Lebensmöglichkeit als die auf Kosten anderer? Ist Siegen alles und Bedürftigkeit nichts als Schwäche? Das kann doch nicht wahr sein. Dann würde unsere pathische Begabung verkümmern: die Fähigkeit, sich zu verdanken, das Leben anzunehmen, Grenzen zuzugeben; das Leben auch im Fragment und in seiner Gebrochenheit als sinnvoll zu betrachten. Wir sind doch nicht als Macher gerechtfertigt.

Mit einer Spur von Hoffnung sagt Kassandra: »Ich glaube, dass wir unsere Natur nicht kennen. Dass ich nicht alles weiß. So mag es in der Zukunft Menschen geben, die ihren Sieg in Leben umzuwandeln wissen.« Diesen Menschen gibt es. Christen glauben, dass er der Sohn Gottes ist: Jesus von Nazaret. Sein Siegeszeichen ist nicht der Lorbeerkranz, sondern die Dornenkrone. Er hat seinen Sieg in Leben gewandelt.

Zeige deine Wunde

Karfreitagsmeditation 2000

Stellen Sie sich dieses Bild vor: In einem Fußgängertunnel mitten in München stehen vor einer Betonwand in fahlem Neonlicht zwei Leichenbahren, darüber zwei Kästen mit Reagenzgläsern, darunter zwei Kästen mit geknetetem Fett und einem Fieberthermometer. An der Wand hängen zwei Tafeln – wie die Gesetzestafeln des Mose – mit der Aufschrift: »Zeige deine Wunde«.

Dieses Werk des Künstlers Joseph Beuys hat viele schockiert: An einem ganz belebten Punkt einer Großstadt ergeht in aller Öffentlichkeit wie ein Gebot der Stunde: »Zeige deine Wunde«.

Halb-stark

In unserer Erfolgs- und Spaßgesellschaft läuft vieles völlig anders. Die Erfolgreichen bestimmen das Bild, die strahlenden Aufsteiger und Siegertypen. Und ein wachsendes Heer von Modernitätsverlierern bleibt auf der Strecke: die Arbeitslosen, die Wohnsitzlosen, die psychisch Obdachlosen, die Drogenabhängigen. Sie passen nicht in die Devise fit for fun. Schwachpunkte dürfen nicht sein, sie werden ausgeblendet. Alles lernen wir, nur nicht, wie man verliert, wie man mit Wunden fertig wird. »Zeige deine Wunden«? Die verstecken wir lieber. Ist das stark? Es geht nicht an, dass wir die Wirklichkeit halbieren und nur die Sonnenseite vorzeigen. Die wunden Stellen und die Schattenseite sind die andere Hälfte unseres Lebens. Sich und anderen das einzugestehen ist kein Zeichen von Schwäche, sondern von Stärke. Wenn wir nur die halbe Wirklichkeit wahrhaben können oder wollen, sind wir im Grunde auch nur halbstark. Die halbe Wahrheit ist eine ganze Lüge. Halb-stark ist ganz schwach.

Die Macht der Ohnmächtigen

Können wir die Schwachpunkte, die Wunden der Kirche offen eingestehen? Zweitausend Jahre Christentum sind nicht nur Segen, sondern auch Last. Sie haben nicht nur Licht in die Welt gebracht, sondern auch Schatten geworfen, lange Schatten. Die betreffen nicht nur die Vergangenheit. In vielen Fragen sind wir gegenwärtig hilflos und ohnmächtig: Wie stellen wir uns dem Versagen der Kirche? Wie sollen wir den Glauben an die Kinder weitergeben, an die Jugendlichen? Wie können wir dem Auftrag Jesu gemäß den Armen das Evangelium verkündigen? Nur wenn wir unsere Schwächen nicht verharmlosen und verdrängen, werden wir fähig, uns den Schwachen zuzuwenden.

Wir denken nur allzu oft: Gott ist stark, mächtig, einflussreich, und darum muss es auch die Kirche sein. Wenn wir stark sind, ist Gott stark; wenn wir einflussreich sind, ist Gott einflussreich, wenn wir mächtig sind, ist Gott mächtig. Wir wollen ja nur das Beste für Gott ... Ist das die Logik des Evangeliums? Ist der Gott, an den wir glauben, nicht doch letztlich der Gott der Erfolgreichen, der Sieger? Wir setzen auf Stärke und folgern aus der göttlichen Sendung der Kirche heraus allzu nahtlos ihre Heiligkeit und Unschuld. So oft das auch mit kühnen theologischen Spekulationen begründet wird, gespeist ist es letztlich von der Angst, sich die eigene Schwäche einzugestehen, von der Berührungsangst gegenüber den Wunden. Eine selbstgerechte Kirche kann nicht zur Anwältin der Armen und Bedrängten werden, sie steht sich dabei immer selbst im Weg.

Mit bewundernswertem Mut ist der Papst seit langem schon bemüht, ausdrücklich beim Namen zu nennen und zu bekennen, was alles durch Vertreter der Kirche geschehen ist: »Oft haben die Christen das Evangelium verleugnet und der Logik der Gewalt nachgegeben.« Der Papst hat (am 12.3.2000 im Petersdom) um Vergebung gebeten »für all jene, die Unrecht getan haben, indem sie auf Reichtum und Macht setzten und mit Verachtung die ›Kleinen‹ straften, die dir so am Herzen liegen ...« Damit ist *unsere* Aufgabe in dieser Sache nicht erledigt, sondern angestoßen. Evangelisierung setzt Umkehr voraus, die Bekehrung der Kirche.

Der verwundete Arzt

»Zeige deine Wunden« – das ist ein zentrales Wort unseres Glaubens. Das Alte Testament spricht immer wieder davon, dass Gott die Wunden seines Volkes kennt und daran leidet. Israel kann seine ganze Not und seinen ganzen Schmerz vor ihn tragen. Hiob tut das so offen und eindringlich wie kaum ein anderer.

Er wird der Wunden wegen von seiner Familie und seinen Freunden gemieden. Die Leidverdrängung hat also eine lange Tradition. Die Propheten protestieren in Israel dagegen, Leid und Elend zuzudecken. Im vierten Lied vom Gottesknecht stellt der Prophet Jesaja seinen Zeitgenossen den leidenden Menschen vor Augen: »Wie einer, vor dem man das Gesicht verhüllt, war er verachtet; wir schätzten ihn nicht. Aber er hat unsere Krankheit getragen und unsere Schmerzen auf sich geladen. Wir meinten, er sei von Gott geschlagen, von ihm getroffen und gebeugt. Doch ... der Herr fand Gefallen an seinem zerschlagenen Knecht, er rettete den, der sein Leben als Sühneopfer hingab« (Jes 53,3-4.10).

Dieses Wort kann uns wie den Aposteln helfen, die Tragweite des Lebens und Sterbens und der Auferstehung Jesu zu verstehen. Jesus ist den Verwundeten nachgegangen, er hatte ihnen gegenüber keine Berührungsangst. Er hat sich ihrer Wunden angenommen, sie am eigenen Leib mitgetragen, bis zum bitteren Ende. Er hat die wunden Stellen der Menschheit durchlitten. Er heilt, indem er sich selbst verwunden lässt. Das Kreuz, *das* Zeichen der Christenheit, zeigt in aller Öffentlichkeit, wie tief er verwundet ist. Es stellt uns vor Augen, dass wir seine Wunden nicht verstecken brauchen, sondern sie offen vorzeigen können. Durch sie ist er zum Ursprung unseres Heiles geworden, zum Heiland der Welt. Er ist der »verwundete Arzt«, wie ihn die frühe Christenheit nennt.

Die Wunden sind ihm eingeprägt. Sie gehören zu ihm, auch nach der Auferstehung. Er verbirgt und verleugnet sie nicht. Er fordert geradezu auf, sie zu sehen und zu berühren: »Thomas, streck deine Finger aus – hier sind meine Hände! Streck deine Hand aus und leg sie in meine Seite, und sei nicht ungläubig, sondern gläubig!« (Joh 20,27). Der Weg zum Glauben führt über die Wunden. Sie sind nicht Zeichen der Abwesenheit Gottes, sie werden zum Ort der Gottesbegegnung. Hier können wir, wenn wir nicht fliehen, Gott erlernen, Wunden annehmen können ist in Wahrheit Gnade.

Vom heiligen Martin wird erzählt, er habe in der Nacht vor der Begegnung mit dem Bettler eine Erscheinung gehabt, in Gestalt eines majestätischen Königs. Martin fragt ihn: »Wer bist du?« Darauf sein Gegenüber: »Ich bin dein Heiland Jesus Christus.« Martin erwidert: »Wo hast du denn deine Wunden?« Die Antwort: »Ich komme jetzt nicht als ein Verwundeter, nicht vom Kreuz, sondern vom Himmel her in meiner Herrlichkeit.« Darauf Martin: »Du magst mir der rechte sein. Geh mir aus den Augen; du bist der Teufel; den Heiland, der ohne Wunden ist, den mag ich nicht sehen; den erkenne ich nicht, der das Zeichen seines Leidens nicht hat.«

Es ist und bleibt für uns befremdlich: Gerettet und erlöst werden wir nicht durch die Macht der Mächtigen, sondern durch die Teilnahme Gottes an unserer Ohnmacht und an unserem Leid. Damit wird die Ohnmacht nicht verherrlicht, das Leiden hat nicht aus sich heraus erlösende Kraft. Die Liebe, die mit dem Geliebten eins wird, ist die Erlösung. Gott duldet keine Apartheid zwischen sich und seinen gequälten Geschöpfen. »Ich mag dich leiden«, sagt er uns.

Leben mit Gesicht

Osterpredigt 1998

Bio – vita – life, Leben ist heute alles! Es wird geradezu kultisch verehrt. Was heißt Leben? Das Leben als naturwüchsige Kraft ist so abstrakt wie die Energie. Das sagt alles und nichts. Viele propagieren allgemein »das Leben«, und im konkreten Fall kündigen sie ihm die Treue, etwa wenn es um den Schutz von Embryonen geht oder um die Abtreibung.

Da denken Christen anders. Warum? Es geht uns nicht nur allgemein um das Leben, sondern um ein Leben mit Gesicht, um Geschöpfe, um die konkrete Person in allen Phasen ihres irdischen Daseins. Darum geht's uns in Gottes Namen. Wer an Gott glaubt, der muss nicht selber Gott sein wollen. Er spielt sich nicht auf zum Macher des Lebens, er maßt sich nicht an, über Menschenleben zu verfügen und ihm Gewalt anzutun. Er weiß, dass er sich nicht sich selbst verdankt. Gott steht am Anfang unseres Lebens, und er gibt unserem sterblichen Leben mit Ostern eine neue Perspektive. Anfang und Ziel bringen die Frage nach dem Leben auf den Punkt. Wo komme ich her? Wo gehe ich hin? Darin ist unser geburtliches und sterbliches Leben eingespannt.

Wo komme ich her?

»Wo war ich, bevor ich geboren war?«, fragt die kleine Barbara ihre Großmutter. »Noch nicht auf der Welt«, antwortet diese. »Aber wo war ich denn?«, setzt sie hartnäckig nach. Schließlich gibt sie sich selbst die Antwort: »Ich war in Gott versteckt!« Besser kann man es kaum sagen: »in Gott versteckt«. – Wo komme ich her? Eine Lebensfrage. Und die Antwort des Glaubens: aus Gott, von ihm gewollt und bejaht.

Der Mensch ist nicht nur die Summe seiner Moleküle, er ist Gottes Ebenbild. Das ist durch die jüdisch-christliche Glaubenstradition der Menschheitsgeschichte eingestiftet. Darin liegt die Würde des Menschen begründet, darum ist sie unantastbar. Weil der Mensch Gott gehört, ist er dem Zugriff anderer Menschen entzogen. Dies um so mehr, seit Gott mit der Menschwerdung gleichsam in unserer Haut steckt. Darum greift jeder Versuch zu kurz, den Menschen auf das Vorfindliche festzulegen, als sei er nichts als eine Marionette seiner Gene, nichts als ein intelligenter Computer, und – wenn er stirbt – nichts als ein verwesender Kadaver. Nein, er ist immer mehr als er sich vorstellen kann, mehr als er aus sich macht oder von sich weiß, mehr als er definiert und programmiert. Dafür steht Ostern.

Wo gehe ich hin?

Damit sind wir nun bei der zweiten Lebensfrage. Wo gehe ich hin?

Wir können es drehen und wenden, wie wir wollen: Das Leben ist sterblich. »Alles, was ist, hat ein Verfallsdatum. Was immer man lieben mag, man liebt etwas, das sterben muss« (Madeleine Delbrêl). Können wir dem standhalten? Darin ist der christliche Glaube einmalig, auch im Vergleich zu anderen Religionen: Er hat den Mut, die Frage nach dem Leben auch im Tod zu stellen. Es ist wahr: Mitten im Leben sind wir vom Tod umfangen. Der Tod steckt als Realität im Leben. Aber auch das gilt: Mitten im Tod sind wir vom Leben umfangen – so wahr Jesus als erster von uns von den Toten auferweckt ist: »Ich glaube an die Auferstehung der Toten und an das ewige Leben.«

Ewiges Leben ist nicht einfach die gestreckte Zeit. Da hat eine andere Stunde geschlagen, da wird unserem sterblichen Leben eine neue Perspektive geschenkt. Sie greift aus bis dorthin, wo Gott die Tränen von unseren Augen abwischt, wo die mundtot Gemachten Lieder singen und alle, wirklich alle zu ihrem Recht kommen. Dann hat das dunkle Geschäft des Todes abgewirtschaftet, es ist bankrott.

Nehmen wir den Mund zu voll? Christen sind schlechte Buchhalter. Sie bilanzieren nicht nur und sagen nicht nur, was der Fall ist und was man bei korrekter Kalkulation erwarten kann. Sie gehen aufs Ganze. Sie begnügen sich in ihrer Sicht des Menschen nicht mit dem »nichts als«, sie sind Anwälte des »mehr als«. Wehe uns, wenn wir allzu bescheiden werden und nur noch sagen, was Sache ist. Der Verrat am Leben beginnt mit dem Verrat an der Sprache. Christen lassen sich von niemandem darin übertreffen, groß vom Menschen zu denken, vom ersten Augenblick an. Darum sind sie unerbittlich, wenn es ums Leben geht, erst recht, wenn es ans Leben geht.

Wenn der Mensch Hand an sich legt ...

Wir erleben heute, wie der Mensch mittels der Gentechnik an sich selbst Hand anlegt. Bislang hat er im wesentlichen seine Umwelt gestaltet; jetzt geht er daran, sein eigenes Leben zu manipulieren. Der Eingriff in die Keimbahn macht es möglich. Die Heilungschancen, die sich eröffnen, sind nicht zu verachten. Aber wo hört's auf mit der Heilung, wo wird die vitale Basis der Menschenwürde angetastet?

Wem Menschenleben heilig ist, der kann Embryonen nicht als Versuchsmasse missbrauchen und vernichten oder damit Handel treiben. Das ist Menschenhandel!

Wem Menschenleben heilig ist, der kann in der pränatalen Diagnostik nicht nur nach den »Schwächen« der Ungeborenen fahnden, ohne Hilfen anzubieten.

Wem Menschenleben heilig ist, der kann nicht – wie bestimmte Politiker – in Sachen Keimbahntherapie äußerst sensibel sein, aber in Sachen Abtreibung über Leichen gehen. Man darf Menschenleben nicht auf dem Altar des persönlichen Freiheitsanspruchs opfern!

Sie erinnern sich an die kleine Barbara: »Ich war in Gott versteckt.« Es gibt eine andere Versteckgeschichte, aus der jüdischen Weisheit, sie ist wie ein Szenenwechsel: Ein Kind kommt weinend zum Großvater, ist untröstlich: »Ich habe mich versteckt, aber mein Freund hat mich gar nicht gesucht.« Der Großvater bricht darüber in Tränen aus: »So spricht auch Gott: Ich verberge mich, aber keiner will mich suchen.« Gott – verborgen im Menschen. Wenn wir die Suche nach ihm aufgeben, geben wir den Menschen auf.

Die Tiefenschärfe des Lebens

Osterpredigt 1999

Die Lebensperspektive

Jung ist er, eigentlich viel zu jung, um schon gestorben zu sein. So denkt man wohl, wenn man das Grab des Stifters Konrad Kurzbold im Nordflügel des Limburger Domes anschaut. Wie ein Dreißigjähriger liegt er dort, er schaut gespannt in den Himmel. – So war das Leben im dreizehnten Jahrhundert. Für die meisten damals bestand es aus zwei Teilen: einer kurzen Erdenzeit und dem ungleich wichtigeren, unendlichen Jenseits. Weil die Menschen nur mit einem kurzen Leben rechnen konnten, hatten sie den Tod im Blick und vor allem den Himmel.

Wir leben heute im Schnitt mehr als doppelt so lange, die veränderten Lebensumstände – vor allem die Medizin – machen's möglich. Ein Grund, weshalb sich die Lebensperspektive gewaltig verschoben hat. Menschen in meinem Alter gelten noch nicht als alt. Man nennt sie »junge Alte« oder »Jung-Senioren«. Oder man verschweigt das Alter. Dann heißt es »dritter Lebensabschnitt«, und man denkt, es gäbe noch einen vierten, fünften, sechsten ... Der Tod ist weit weg gerückt, erst recht das Jenseits. Das ganze Interesse konzentriert sich auf die irdische Lebenszeit. Daraus soll möglichst viel, möglichst gut, möglichst schnell herausgeholt werden. Viele Zeitgenossen haben allenfalls noch eine ganz verschwommenen Sicht des Himmels.

Ganz auf nah eingestellt

Das ist wie beim Fotografieren: Wenn man die Kamera auf nah einstellt, kommt der Vordergrund ganz scharf ins Bild. Wer über die entsprechende Optik verfügt, kann die feinsten Gewebe aufnehmen. Aber der Hintergrund verschwimmt. Wiesen, Felder, Berge und der Himmel schmelzen zusammen zu einem undefinierbaren Flecken. Der Vordergrund ist klar, aber die hintergründige Tiefenschärfe ist weg.

Ähnlich ist das heute mit dem gängigen Lebensgefühl und der Lebensperspektive. Wir sind fast nur noch auf nah eingestellt, nicht mehr auf unendlich. Der irdische Part des Lebens ist übriggeblieben, mehr nicht. Um so wichtiger wird er dann. Gesundheit ist für die allermeisten das allerhöchste Gut. Sie winkt uns in Magazinen und auf Produkten aller Art zu: Kauf mich, wenn du leben willst. In Gesundheit leben ist alles in unserer Erlebnisgesellschaft – immer mehr, immer besser, immer intensiver, allemal ganz auf die engen Grenzen der eigenen Interessen und Bedürfnisse ausgerichtet. Darin steckt nicht nur die berechtigte Zukunftssorge um Leib und Leben mit ihrer humanisierenden Kraft und Phantasie. Dahinter steckt auch die panische Angst, ohne eigene Vor- und Nachsorge und ohne künstliche Sicherungen ins Nichts zu fallen. Was für ein Leben! Es wird halbiert. Man ist ganz gefangen von der Sonnenseite, und vor der Schattenseite verschließt man die Augen. Unser Leben ist endlich. Der Tod mit all seinen tödlichen Mächten sitzt als Realität im Leben. Brauchen wir dafür noch neue Beweise? Der Tod wird verdrängt, die Macht des Bösen verharmlost.

Die Osterperspektive

Das kennzeichnet den christlichen Glauben: Er verdrängt die Abgründe unseres Daseins nicht, weder die Gewalttätigkeit noch den Tod; er setzt sich mutig damit auseinander. Dafür steht das Kreuz. Jesu Wunden und sein schrecklicher Tod werden nicht verleugnet, sondern öffentlich vorgezeigt. Der Karfreitag ist an Ostern nicht vergessen.

Am tiefsten Punkt unserer Existenz, im Abgrund des Todes geschieht der Durchbruch – nicht als unsere Erfindung, als unsere äußerste Fortschrittstat, sondern aus Gottes schöpferischer Treue. Über Jesu Grab ist kein Gras gewachsen. Der das Leben in allen seinen Höhen und Tiefen durchlebte und erlitt, der es hingab für die Menschen, er wird von Gott mit neuem Leben beschenkt, das dem Tod gewachsen ist.

Hausgemachter Unsterblichkeitswahn

Wo man nur noch auf nah eingestellt ist, wo die Osterperspektive schwindet, da treten hausgemachte Unsterblichkeitsvorstellungen auf den Plan. Menschen wollen auf eigene Faust der Endlichkeit entkommen und sich verewigen. Die Neigung scheint unausrottbar, seine Endlichkeit zu überspringen und selbst wie Gott sein zu wollen.

Manche meinen, das »ewige« Leben bereits hier auf Erden in der Tasche zu haben. Sie lassen sich einfrieren in der Hoffnung, dass sie den Zeitpunkt erleben, an dem sie nicht mehr sterben müssen. Einzelne Gentechniker behaupten, es gäbe Unsterblichkeitsgene. Man müsse sie nur entsprechend manipulieren, dann werde der Mensch wie ein Perpetuum mobile ewig leben. Ein Forscher sagt, »Krankheit, Altern und Sterben werden keine Mühsal mehr sein«. Er spricht von »göttlichen Genen«.

Es ist unglaublich, wie viele Leute solch dubiosen Vorstellungen auf den Leim gehen. Ständig werden die Christen in ihrem Glauben angefragt – nichts dagegen, das kann heilsam sein. Wer hinterfragt eigentlich wahnwitzige Wissenschaftler mit ihren unsinnigen Vorstellungen?

Freilich, was manche Gentechniker heute versprechen, ist im Grunde nicht selten als christlich ausgegeben worden: Man hat von der Osterbotschaft so gesprochen, als wäre sie ein Fortschreiben des irdischen Lebens mit anderen Mitteln, nichts als eine himmlische Lebensverlängerung. Eine solche Vorstellung vom ewigen Leben bedarf dringend der Selbstkorrektur. Wer die Hoffnung auf Gottes Treue als eine Verjenseitigung des irdischen Lebens ansieht, macht mit Gott dasselbe, was andere mit den Genen machen: Er spannt ihn einfach vor den eigenen Karren.

Wer vertröstet?

Wo das »jenseits des Todes« schlechterdings als Vertröstung verdächtigt wird, da wir das Diesseits trostlos. Denn wer tröstet dann diejenigen, die wir mit bestem Willen nicht trösten können, wer tröstet die längst Verstorbenen, wer tröstet die Opfer, wer tröstet die, die leer ausgehen – wer?

Keine Frage, es gibt eine fragwürdige Vertröstung auf das Jenseits, aber es gibt die noch viel fatalere Vertröstung mit dem Diesseits. Wenn das Leben vor dem Tod alles ist? Dann wird es zur »letzten Gelegenheit«: Ja nichts verpassen, alles jetzt! Tempo, Tempo! Die Zeit tickt. Das erleben wir heute mit allen Konsequenzen der Lebenssucht und Todesangst, der Hektik und Überforderung. Das ist mörderisch. Menschen wollen dem Tod auf eigene Faust entkommen und sich verewigen – und verfallen ihm um so sicherer. Wir können machen, was wir wollen, wir werden aus diesem gnadenlosen Kreis nie durch uns selbst herauskommen. Wir können uns nicht wie Münchhausen selbst aus der Patsche ziehen.

Wer jetzt nicht alles haben muss, weil ihm das Beste immer noch bevorsteht, verliert die Angst, zu kurz zu kommen. Er hat Zeit, sich anderen zuzuwenden, besonders denen, die keinen Menschen haben. Er kann gelassen ans Werk gehen.

Ewiges Leben, das ist nicht einfach die gestreckte Zeit, eine Art Perpetuum mobile des Gehabten, eine Verjenseitigung des irdischen Lebens. So stellen sich das die vor, die hier schon alles haben; sie möchten es immer haben, anderes fällt ihnen nicht mehr ein als ihre private Seligkeit. Ostern heißt nicht, dass es endlos damit weitergeht. Ostern heißt neuer Mensch und neue Schöpfung. Da hat eine andere Stunde geschlagen. Gott wird die Tränen von unseren Augen abwischen. Die auf der Strecke Gebliebenen kommen zu ihrem Recht. Das dunkle Geschäft des Todes ist ein für allemal bankrott (Offb 21,1-5).

Jung ist er, der Stifter Konrad Kurzbold auf dem Grabmal hier. Ostern lässt ihn im Tod nicht alt aussehen. Er blickt offenen Auges in den Himmel. Ostern öffnet die geschlossenen Augen. Er liegt, der Tote, aber so, dass er auch stehen könnte. Ostern macht zum Aufbruch bereit, lenkt den Blick nach Osten, der aufgehenden Sonne entgegen.

Auf die Einstellung kommt's an – wie bei der Kamera. Sind wir auf nah eingestellt sind? Oder auf unendlich? Ob der Mensch auf Dauer ohne die hintergründige Tiefenschärfe leben kann? Ostern gibt dem Leben Tiefe.

Tag des Herrn

Osterpredigt 2000

Ostern ist nicht ein Tag wie jeder andere. Wir haben uns diesen Tag nicht selbst ausgedacht wie den 1. Mai. »Das ist der Tag, den der Herr gemacht ...« – Gott hat gehandelt. Darum feiern wir Ostern.

Der Ostertag der Woche

Am ersten Tag der Woche – sagen die Evangelien – begegnet der Auferstandene den Zeugen. Das ist der Ursprung des christlichen Sonntags. Vieles hat sich in der Geschichte der Christenheit geändert, aber das hat sich von Anfang an durchgehalten: Der Sonntag ist der Ostertag der Woche. »Darum kommen wir vor dein Angesicht und feiern in Gemeinschaft mit der ganzen Kirche den ersten Tag der Woche als den Tag, an dem Christus von den Toten erstanden ist.«

Das ist der Grund, warum uns Christen der Sonntag heilig ist. Er ist nicht irgendein freier Tag, den man nach Belieben in der Woche herumschieben kann. Er steht bewusst am Anfang, vor allen anderen Tagen. Er ist das Vorzeichen vor dem Ganzen, der Notenschlüssel, der die Melodie erschließt, unsere Lebensmelodie. Sie ist für Christen durch Ostern gestimmt. Sie führt nicht nur rein biologisch vom Leben zum Tod, sondern vom Tod zum Leben, zu einem Leben, das dem Tod gewachsen ist.

Keine Melodie ohne Rhythmus. Der Sonntag bestimmt unseren Lebensrhythmus. Nach christlichem Verständnis beginnt die Woche ausdrücklich nicht mit der Arbeit, sondern mit dem Tag des Herrn. Längst bevor wir etwas leisten, sind wir. Wir leben nicht von unserer Leistung. Die überdauert uns letztlich nicht. Den Durchbruch durch den Teufelskreis des Todes schaffen wir nicht selbst. Das ist nicht unsere Erfindung, das ist Gottes Tat. Dafür steht Jesus Christus. Er verbürgt uns das Leben, das den Tod nicht fürchten muss.

Wochenende?

Fast unbemerkt ist aus dem christlichen Sonntag als dem ersten Tag der Woche das »Wochenende« geworden. Wir wünschen uns »ein schönes Wochenende«, oder wir sprechen gar – ganz widersinnig – vom Osterwochenende, wo Ostern doch für den Anfang steht. Sie denken vielleicht: ›Das ist doch ganz egal, Sonntag oder Wochenende. Hauptsache, der freie Tag!‹ Ob das wirklich so egal ist? Der Unterschied ist größer, als mancher ahnt.

Wochenende sagt: Wir sind am Ende. Wir ruhen uns aus, um fit zu bleiben. Gut und schön. Aber, geht's nur darum? Dann stünde der freie Tag ja letztendlich im Dienst des Schaffens: Um betriebsfähig zu bleiben, erholen wir uns. Alles dreht sich um Arbeit und Verdienst. Das Wochenende ist den Wirtschaftsinteressen untergeordnet – in Hessen wurden jüngst drei Feiertage dem Börsenhandel freigegeben.

Nein, sagt uns der Sonntag. Der »Tag des Herrn« steht an erster Stelle. Er ist der Schlüssel zum Leben. Wir leben nicht, um zu arbeiten, sondern wir arbeiten, um zu leben. Das ist ein Riesenunterschied. Für viele ist heute der Verdienst fast alles, er soll gar den Sinn der eigenen Existenz begründen. Der Sonntag durchkreuzt diese Fiktion vom selbstgemachten

Sinn. Er ist eine geradezu therapeutische Unterbrechung. Er lässt uns aufatmen, nicht nur von der Last der Arbeit, sondern von der Last des Lebens überhaupt. Wir müssen nicht den gnadenlosen Versuch unternehmen, uns selbst zu legitimieren. Das hat Gott längst besorgt. Wir leben von seiner Gnade, das ist unsere Rechtfertigung. Wie zeigt sich das?

Heilsame Unterbrechung

Zum Beispiel in einer neuen Sonntagskultur. Christen müssten da erfinderisch sein. Sie kommen ja vom Sonntag her. ›Freizeit‹ ist nur dann das, was das Wort besagt, wenn sie uns nicht nur die Freiheit von der Arbeit schenkt, sondern auch die Freiheit, zu uns selbst zu kommen und zu Gott. Eine schöpferische Pause – vom Schöpfer her. Sie schenkt uns ein Gefühl fürs Leben, sie hilft uns, den eigenen Standort zu klären: Wovon und wofür lebe ich? Was ist mir heilig? Ist mir Gott heilig? Ist mir das Leben jedes Menschen heilig? Ist mir die Familie heilig? Es geht nicht darum, mehr zu erleben, sondern intensiver zu leben; sich nicht von Modewellen treiben zu lassen, sondern einen Standpunkt einzunehmen im Zeitgespräch.

Heilsame Unterbrechungen sind lebensnotwendig. Der Sonntagsgottesdienst lädt dazu ein, die gängige Perspektive zu wechseln und das Leben mit den Augen des Evangeliums zu sehen. Man kann das nicht dem Zufall überlassen, oder von Lust und Laune abhängig machen. Wenn es sich im Leben niederschlagen soll, dann bedarf das der Beständigkeit und Treue. Nicht jeder Gottesdienst ist gut gestaltet. Nicht jeder Kuss ist der Kuss des Hochzeitstages. Aber wenn er einfach unterbliebe, weil man nicht mehr in Hochstimmung ist? Wenn die Liebe zur Beliebigkeit verkommt, dann ist's aus mit ihr. So auch mit der Liebe zu Gott, mit der Einübung in den Blick Jesu.

Viele jammern heute über den Werteverfall. Ob sie sich selbst darum kümmern, dass Werte wachsen können? Man kann nicht den Verlust von Werten beklagen und ihnen zugleich den Nährboden entziehen. Der Sonntag hat's in sich. Er ist eine Ermutigung zum Leben – wie Ostern!

Feuer der Liebe

Schrifttext: Mk 14,3-9 – Pfingstpredigt 1998

»Komm, Heiliger Geist, erfülle die Herzen deiner Gläubigen und entzünde in ihnen das Feuer deiner Liebe.« Der Heilige Geist ist Feuer, ist Liebe. Was heißt das?

Wenn ich mit Jugendlichen spreche – in der Schule oder im Zusammenhang der Firmung – ergibt sich oft die Frage: Worauf kommt es im Christentum an? Die Antwort lautet in aller Regel: Nächstenliebe! Ist das alles?, frage ich. – Schweigen auf der ganzen Linie! Ich habe bisher noch nicht erlebt, dass jemand die Gottesliebe genannt hätte. Christsein bedeutet für die allermeisten Zeitgenossen (nicht nur für die Jugendlichen) Nächstenliebe, Mitmenschlichkeit, soziale Verantwortung. Da erfüllt die Kirche ihren Zweck, da ist sie brauchbar, da kann sie auch heute noch mit Zustimmung rechnen. Darüber hinaus erübrigt sie sich. »Eine Kirche, die nicht dient, dient zu nichts«, lautet ein bekannter Buchtitel.

Erschöpft sich das Christentum in Dienstappellen? Was soll dann zum Beispiel der Gottesdienst?

Das schöne Werk

Es gibt im Evangelium eine Erzählung, die wenig bekannt ist (Mk 14,3-9). Sie spricht von einer Frau, die zu Jesus kommt »mit einem Alabastergefäß voll echtem, kostbaren Nardenöl«. Das gießt sie Jesus übers Haar. Sofort erhebt sich die Frage: »Wozu?« Was soll das? Das ist doch völlig überflüssig, das bringt doch nichts, pure Verschwendung! Soviel Geld für eine Geste der Verehrung? »Man hätte das Öl um mehr als dreihundert Denare verkaufen und das Geld den Armen geben können«, die hätten etwas davon gehabt. Die Leute sind ungehalten: »Und sie machten der Frau heftige Vorwürfe.« Wir doch auch, oder?

Jesus nicht! Eigenartig! Hat er nicht deutlich gemacht, dass er sich nicht feiern lassen will? Hat er nicht gesagt, dass Gott Barmherzigkeit will, nicht Opfer? Wenn einer für die Armen war, dann er, ganz unbestechlich. Er war ja selbst einer von ihnen. Und gerade er verteidigt die Frau, die ihn verschwenderisch salbt. Er setzt sie ihren Kritikern gegenüber ins Recht. »Hört auf!«, sagt er. »Warum lasst ihr sie nicht in Ruhe? Sie hat ein schönes Werk an mir getan.«

Damit ist das entscheidende Wort gefallen: »ein schönes Werk«. Die meisten Übersetzungen kennen nur gute Werke. Darum sagen auch die meisten: »Sie hat ein gutes Werk getan.« Demgegenüber heißt es im griechischen Urtext eindeutig: »kalon ergon« – ein schönes Werk. So wie Gott seine Schöpfung anschaut und sieht, dass sie sehr schön ist (nach der griechischen Übersetzung von Gen 1,31). Sie ist nicht aus Zweck und Nutzen zusammengesetzt, sie kommt aus dem Überschuss der Liebe Gottes. – So ist das mit der Frau in Betanien. Sie kalkuliert nicht: Was bringt's? Wozu ist es nutze? Sie tut es einfach »nur so«. Ihr Herz ist voll, und es fließt über in die Salbung. Die Schönheit ihres Tuns steht in sich.

»Die Ros' ist ohn' Warum, sie blühet, weil sie blühet;
sie acht' nicht ihrer selbst, fragt nicht, ob man sie siehet.«
(Angelus Silesius)

»ohn' Warum«

Die schöne Tat spricht nicht gegen die gute Tat: »Denn die Armen habt ihr immer bei euch, und ihr könnt ihnen Gutes tun, so oft ihr wollt.« Jesus will sagen: Ihr könnt die Armen gar nicht übersehen. Ihr dürft sie auch nicht übersehen. Aber ihr dürft die gute Tat nicht gegen die schöne Tat ausspielen, so wenig wie ihr die Liebe zum Nächsten gegen die Liebe zu Gott ausspielen dürft – um Gottes willen nicht und um der Menschen willen nicht.

Die schöne Tat der Frau in Betanien macht deutlich, dass der christliche Glaube sich nicht in Appellen zum Gutes-Tun erschöpfen darf. Sie bewahrt uns vor einem Totalitätsanspruch der Moral. Wie die Liebe Gottes zu uns »ohn' Warum« ist, so werden wir der Liebe zu Gott nur treu bleiben, wenn wir sie nicht als Mittel zur Nächstenliebe verzwecken, als Sozialverstärker, als Lokomotive vor einem Zug, dessen Waggons wir längst mit anderen Interessen beladen haben; Gottesdienst und Gebet als Vorbereitung der nächsten Aktion. Einen Gott, den man nur »braucht«, braucht man schließlich nicht mehr. Die »Gotteskrise« unserer Tage ist auch eine Krise der Moralisierung unseres Glaubens.

Jenseits aller Nützlichkeiten

Im Gloria steht der bedenkenswerte Satz: »Gratias agimus tibi probter magnam gloriam tuam –Wir rühmen dich und danken dir, denn groß ist deine Herrlichkeit.« Auf den ersten Blick scheint das eine riesige Übersteigerung zu sein: Wir danken Gott nicht für das, was er für uns tut, wir danken ihm einfach dafür, dass er ist: Wir sagen dir Dank, weil du da bist. Wir verehren ihn nicht, weil wir etwas von ihm haben wollen, sondern absichtslos, ohne Hintergedanken. – Darin spricht sich das Wesen der Liebe aus. Denn Liebe ist erst dort am Ziel, wo man jemanden nicht mehr wegen etwas, sondern wegen seiner selbst liebt, wo es einem nicht mehr nur darauf ankommt, dass man etwas von ihm hat und bekommt, sondern darauf, dass er ist.

Damit steht und fällt letztlich die Würde des Menschen. Sie hängt nicht an Zwecken und Nutzen (der Mensch als »nützlicher Idiot«), sie ist nicht funktional zu begründen. Sie ist vorgegeben, mit dem Odem Gottes. Sie »ist ohn' Warum, sie blühet, weil sie blühet«. Sie steht in sich selbst, sie spricht für sich. Ahnen wir, was in der schönen Tat dieser Frau aus Betanien auf dem Spiel steht? Die Liebe Gottes schafft uns jenseits aller Nützlichkeiten jenen freien Raum zum Atmen, der uns Mensch sein und bleiben lässt. »Komm, Heiliger Geist, erfülle die Herzen deiner Gläubigen und entzünde in ihnen das Feuer deiner Liebe.«

Nicht aus dem Blut, sondern aus Gott geboren

Schrifttext: Joh 1,13 – Predigt im Pfingstgottesdienst 1999 mit den Gemeinden anderer Muttersprache im Frankfurter Dom

Der Balkan ist wie ein Pulverfass, ein explosives Gemisch von Völkern und Nationen. Serben sprechen serbisch und schreiben kyrillisch; Kroaten sprechen kroatisch und schreiben lateinisch. Tito hat versucht, beide serbo-kroatisch zusammenzuführen – ohne dauerhaften Erfolg. Die Mazedonier sprechen mazedonisch und schreiben kyrillisch. Die Albaner sprechen albanisch, die Slowenen slowenisch. Die einen sind orthodox, die anderen römisch- oder griechisch-katholisch, wieder andere muslimisch. Wie soll man sich da verstehen und verständigen? Da muss es doch knallen, da muss es doch zum Kampf der Kulturen und Nationalitäten kommen. Also gibt es nur eins, denken viele: Schluss mit dem Durcheinander. Klare Verhältnisse, reinrassig. Ethnische Säuberung. So etwas kennen wir aus unserer jüngsten deutschen Geschichte zur Genüge. Blut und Boden werden dann unheilvoll zusammengebracht. Und die einen träumen von Groß-Serbien, die anderen von Groß-Albanien oder Groß-Kroatien – wie viele bei uns damals vom großdeutschen Reich: Deutschland, Deutschland über alles ... Hat das Zukunft?

Das Erbe

Die Bibel erzählt gleich zu Anfang, wie Gott die Menschheit aus einem Menschen hervorgehen lässt: Adam! Es geht ihr dabei nicht um die rein biologische Abstammung, sondern um das Zueinander der Menschen und um ihr Verhältnis zu Gott. Wer an den einen Gott glaubt, der wird die Menschheit auf eine Wurzel zurückführen. Augustinus bringt das auf den Punkt: »Es sollte durch die Erschaffung um so eindringlicher die Einheit ans Herz gelegt werden und das Band der Eintracht, dass die Menschen nicht nur durch die gleiche Natur, sondern auch durch verwandtschaftliche Zuneigung miteinander verbunden sind.« Gott wollte »den Menschen einprägen, wie lieb ihm auch in der Vielheit die Einheit ist«. Die Menschheit besteht nicht aus zufällig zusammengewürfelten Individuen, sie ist eine Völkerfamilie. Das bedeutet eine grundsätzliche Relativierung aller Bande des Blutes, der Rasse und der Nation.

Ein Adam – eine Menschheit! Die Nachkommen Adams und Evas sind Kain und Abel. Sie offenbaren, was die Menschheit jenseits von Eden belastet und niederdrückt: gewalttätige Verachtung des anderen, die Angst, zu kurz zu kommen und der unbändige Drang, möglichst viel zu »kriegen«, schließlich der Brudermord. Das durchzieht unsere Geschichte: eine schwere Hypothek, ein bitteres Erbe – Erbschuld, sagen wir. Babel, als Bollwerk der Einheit geplant, wird zum Symbol der Spaltung.

Israel muss immer neu dazu gerufen werden, den unseligen Kult der eigenen Nationalität, den Kult von Blut und Boden zu lassen. Nur so kann es das Volk des Gottes sein, der Himmel und Erde geschaffen hat und der der Gott aller Völker ist. Sein Glaube kommt dort am klarsten zum Vorschein, wo es (im Exil) die Grenzen des eigenen Landes und der eigenen Nation überschreitet.

Wir sind Geschwister

In diese mit Blutschuld beladene Menschheitsgeschichte hinein wird Jesus geboren. Er ist der neue Adam, er erinnert die Menschen an ihren gemeinsamen Ursprung, an ihre geschwisterliche Verbundenheit. Er deckt aber auch auf, was an Kains Erbe in uns steckt, damit wir es nicht verdrängen, sondern wahrnehmen. Nicht so, dass wir es mit der Angst zu tun bekommen und fliehen, uns zerstreuen; vielmehr so, dass wir uns stellen und umkehren zu Gott, dem Vater aller. Das ist wie eine Erlösung aus dem Verhängnis Kains. Das ist wie eine neue Geburt: »Nicht aus dem Blut, sondern aus Gott geboren« (Joh 1,13). Die Taufe aus dem Wasser und dem Heiligen Geist schafft einen neuen Lebenszusammenhang: »Es gibt nicht mehr Juden und Griechen, nicht Sklaven und Freie, nicht Mann und Frau; denn ihr alle seid ›einer‹ in Christus Jesus« (Gal 3,29). Sein Geist führt die unterschiedlichen Menschen zusammen. Das ist Pfingsten. Der Geist des Herrn weist über die nationalen und kulturellen Grenzen hinaus. Er wirkt in der Vielfalt der Sprachen die Einheit im Verstehen. Von diesem Geist erfüllt ist man nicht zuerst Kroate oder Spanier oder Deutscher (wie wir das bei den »Deutschen Christen« hatten), sondern man ist Christ, und dann schließlich auch spanisch oder kroatisch oder deutsch. Das ist ein himmelweiter Unterschied. Um den geht es letztlich – um die Frage: Aus dem Blut oder aus Gott geboren?

Unterwegs zur einen Menschheit

Drei Punkte möchte ich Ihnen zu bedenken geben:

1. Kain steckt uns in den Knochen. Es ist naiv zu denken, das sei mythisch und durch die Aufklärung überholt. Bei allem Respekt vor der Aufklärung und ihrem Erkenntnisgewinn, sie hat einen großen Schwachpunkt. Sie denkt, das Böse sei allein durch Aufklärung zu überwinden. Das ist ein großer Irrtum. Das Ausmaß an Kriegen und Menschenverachtung in unserem aufgeklärten zwanzigsten Jahrhundert geht über alles vorherige weit hinaus. Niemand soll denken, mit etwas »Multi-Kulti« seien die Probleme des Zusammenlebens der Menschen gelöst.

2. Christen und Kirchen sind dem kainitischen Erbe nicht enthoben. Zu oft haben sie sich von Machthabern instrumentalisieren lassen oder gar selbst Anlas zu Kriegen gegeben. Das dürfen wir genauso wenig ver-

schweigen wie den Skandal der Kirchenspaltungen. Das alles zeigt nur, wie tief auch uns Kain in den Knochen sitzt. Müssen wir davor kapitulieren?

3. Nein! Jesus hat uns gezeigt, was denen möglich ist, die nicht aus dem Blut, sondern aus Gott geboren sind. Von seinem Geist geleitet finden sie neu zueinander. Das ist die pfingstliche Kirche aus allen Völkern und Nationen, so soll sie sein: ein Zeichen in der zerrissenen Einen Welt. Menschen sehen das und brechen auf, überschreiten die Grenzen ihres Landes und Volkes, sind unterwegs zur ›neuen Stadt‹ (Offb 21) mit allem, was sie sind und haben, kommen darin zum Ziel. Der Gottesdienst hier lässt uns erfahren, dass wir auf dem Weg sind dahin.

Yad VaSchem

Pfingstpredigt 2000

Pfingsten verbinden wir in unserem persönlichen Christenleben mit der Taufe und dann vor allem mit der Firmung. Sie gelten als die Sakramente des Heiligen Geistes. In beiden Fällen spielt der Name eine besondere Rolle. Bei der Taufe erhält der Christ seinen Namen, und in der Firmung wird er erneut beim Namen gerufen: »Michael, sei besiegelt durch die Gabe Gottes, den Heiligen Geist.« Heiliger Geist und Name gehören zusammen. Gott schenkt seinen Geist nicht massenweise, sondern namentlich, persönlich. Die Bedeutung des Namens und damit zusammenhängend die Würde der Person kennzeichnen die jüdisch-christliche Tradition. Ihr verdankt es die Menschheit.

Ein Namensmal

In den Tagen nach Ostern war ich in Jerusalem, zum Abschluss in Yad VaSchem. Die Gedenkstätte an den Holocaust ist durch den Besuch des Papstes im März dieses Jahres weltweit in Erinnerung gerufen. Vor allem der Raum, in dem der 1,6 Millionen ermordeten Kinder gedacht wird, geht unter die Haut: eine Fülle von Lichtreflexen, dazwischen die Bilder einzelner Kinder. Ihre Namen werden genannt und die wichtigsten Lebensdaten. Über fünfzig Jahre danach wird immer noch nach einzelnen Namen geforscht. Die sollen nicht in Vergessenheit geraten, die will man auf jeden Fall in Erinnerung halten. »Verweigerte Erinnerung ist Mord«, sagt ein jüdisches Sprichwort. Das wäre ein erneuter Mord – an den Ermordeten.

Yad VaSchem – zu deutsch: Hand und Name. Ein Namensmal! »Ich habe dich eingezeichnet in meine Hände«, so heißt es beim Propheten Jesaja (49,16) und weiter: »Einen ewigen Namen gebe ich ihnen, der niemals ausgetilgt wird« (56,5).

Der Trend zur Anonymisierung

Yad VaSchem – das Namensmal für die Ermordeten, für die Toten. In unserer Gesellschaft ist das heute ganz anders. Der Trend geht dahin, den Namen gerade nicht über den Tod hinaus in Erinnerung zu halten, sondern ihn mit dem Tod möglichst auszulöschen. »Anonymes Begräbnis« nennt man das. In den norddeutschen Großstädten wählen inzwischen bis zu 50% diese Form der Bestattung, in Kopenhagen 80%. Tod: Schluss – aus – weg. Der Rest wird »entsorgt«. Die Erinnerungskultur – heißt es – geht zu Ende.

Die Anonymisierung durchzieht unsere Gesellschaft, denken Sie nur an unsere Wohnkultur. Wer kennt denn in den Hochhäusern noch die Namen der Menschen, mit denen er unter einem Dach wohnt? – Es ist verrückt: Einerseits die wachsende Individualisierung mit dem Drang, sich selbst zu verwirklichen, andererseits das Versinken ins Anonyme. Werbung und Show-Geschäft sind darauf angelegt, sich einen Namen zu machen und einen Namen zu haben, und am Ende steht der Untergang ins Namenlose. Das hat einen tieferen Grund.

Irgend etwas Göttliches

»Name ist Schall und Rauch«, sagt Faust. Sie kennen die berühmte Gretchenfrage: »Nun sag', wie hast du's mit der Religion?« Faust antwortet umschweifig, umnebelnd: Gott – »Ich habe keinen Namen dafür! Gefühl ist alles; Name ist Schall und Rauch ...«

So denken viele heute. Gott? Irgend etwas wird es da geben. Ein höheres Wesen, etwas Göttliches, ein »Es«, kein »Du« – unverbindlich, namenlos. Die Aushöhlung des Gottesglaubens geschieht fast unmerklich, wie die Erosion einer Sandsteinskulptur durch Wind und Wetter. Zunächst werden die Gesichtszüge abgeschliffen. Das Gestein verwittert, Schicht um Schicht. Am Ende ist da nur noch ein trauriger Stumpf, ohne Ausdruck, nichtssagend. Das Profil ist weg. »Name ist Schall und Rauch.« Der Verlust des Namens Gottes und die Anonymisierung in unserer Gesellschaft gehen Hand in Hand.

Beim Namen gerufen

Yad VaSchem – das Namensmal. »Das Vergessenwollen verlängert das Exil«, sagen die Juden, »das Geheimnis der Erlösung heißt Erinnerung.« Israel ist das Volk der Erinnerung. Die verbindet, schafft Identität, ein Wissen darum, woher wir kommen und wozu wir da sind. Wer nicht mehr erinnert, wer einfach nur vergessen will, entwurzelt sich selbst.

Aufklärung und Säkularisierung haben den Menschen in seiner Identität, in den zwischenmenschlichen Bindekräften nicht nur gestärkt. Immer weniger ist der Mensch das Gedächtnis seiner eigenen Geschichte, immer mehr nur noch sein eigenes Experiment. Alles wird technisch reproduzierbar, am Ende auch der sich selbst produzierende Mensch. Er wird austauschbar wie irgendein Ding, er verliert seinen Namen. Wer der Auflösung, der Erosion des Menschen widerstehen will, der kann das, wenn es zum Schwure kommt, nur im Namen Gottes.

Yad VaSchem – das Namensmal. Der Name ist eine Gabe des Heiligen Geistes, ein Pfingstgeschenk in Taufe und Firmung. Wir haben allen Grund, ihn heilig zu halten: Gottes Namen und in Gottes Namen unseren Namen.

II. ZUM DIENST GEWEIHT

Nehmt Gottes Melodie in euch auf

Predigt bei der Diakonenweihe 1995 im Frankfurter Dom

»Nehmt Gottes Melodie in euch auf! So werdet ihr alle zu einem Chor,
und in eurer Eintracht, in eurer zusammenklingenden Liebe
ertönt durch euch hindurch das Lied Christi.
Das ist das Lied, das Gott, der Vater, hört.
Und so erkennt er euch als Menschen, die zu Christus gehören.«
(Ignatius von Antiochien an die Epheser)

Yehudi Menuhin, der große Musiker, hat Lebenserinnerungen geschrieben: Unvollendete Reise. Darin denkt er an einer Stelle über die Interpretation eines Musikstücks nach. Er schreibt: »Im Idealfall würde man eine Passage ganz gleichmäßig spielen und gerade so viel Unregelmäßigkeit zulassen, dass ein Element der Lebendigkeit spürbar bleibt.« Menuhin nennt das »La part de Dieu – Gottes Part«. Er sagt, das sei es, wovon »jede Aufführung fast unbewusst bestimmt ist«.

La part de Dieu – Gottes Part. Die Noten, die Partitur, so exakt wie möglich, aber dann jener Spielraum zwischen den Noten, den wir nicht in Hand haben und der doch alles bewegt und belebt: Gottes Part.

Symphonie

»Nehmt Gottes Melodie in euch auf!« Gott ist wie eine unerschöpfliche Melodie, die in uns zum Klingen kommen will. Die Saiten sind in uns angelegt, wir können sie schwingen lassen. Und der ganze Körper mit allen Fasern unseres Seins kann zum Resonanzboden werden.

Gott hat für jeden von uns eine eigene Stimme vorgesehen, eine unverwechselbare Lebensmelodie. Wenn jeder seinen Part hört und in sich aufnimmt, dann kommt es zu einem herrlichen Zusammenklang, zu einer Symphonie (im griechischen Urtext des Ignatiusbriefes steht da buchstäblich das Wort Symphonie). Die mir zugedachte Lebensmelodie kommt erst im Zusammenklang mit den anderen Stimmen zur Geltung.

Es soll ein Chor entstehen, in den jeder sein Lebenslied einbringt. So kann durch uns das Lied Jesu Christi erklingen. Und Gott erkennt uns als Menschen, die zu Christus gehören.

Statt des bekannten Lamento

Gesang, Chor, Gottes Melodie, daran soll man die Christen erkennen. Ist das zu harmonisch, zu romantisch? Eichendorff lässt grüßen: »Schläft ein Lied in allen Dingen ...« Mancher wird denken: ›Ihr acht da vorn, an einem Tag wie heute habt Ihr gut singen. Aber wisst Ihr denn nicht, was wirklich gespielt wird? Wartet nur ab. So wie's in der Kirche aussieht, wird Euch das Singen bald vergehen.‹ Wirklich? Sie wissen, wie's in der Kirche aussieht, Sie machen sich nichts vor. Sie gehen nicht mit Scheuklappen durch das Bistum und durch die Gemeinden. Und trotzdem: »Nehmt Gottes Melodie in euch auf!« Sie sagen uns das doch nicht nur, weil Sie gern gemeinsam singen, weil etliche von Ihnen musizieren. Es geht um mehr. Hier wird ein anderer Ton angeschlagen, nicht die übliche alte Leier.

Die kennen wir zu Genüge. Wenn Kirchenleute heute zusammensitzen, sprechen sie in aller Regel die meiste Zeit darüber, wie schwierig doch alles ist und wie es bergab geht und dass im Grunde Rom an allem schuld ist oder Limburg. Es gibt eine negative Genüsslichkeit in unseren Reihen, die sich auf den Schattenseiten ergeht und sich dabei noch äußerst progressiv dünkt: Je progressiver, desto hoffnungsloser. Da gehört's zum guten Ton, sich als ohnmächtig gegenüber der Institution zu empfinden. Man erschöpft sich in Selbstmitleid und psychologischer Selbstpflege.

Von diesem Lamentieren kann man nicht leben. Wenn ich der Kirche immer wieder nur nachweisen möchte, dass man eigentlich nicht in ihr leben kann, kann ich in ihr auch nicht lieben, nicht arbeiten, und wenn es sein muss, kämpfen. »Aus der Perspektive der Armen betrachtet ist solche Hoffnungslosigkeit eine Art von Luxus für die, die nicht in die wahren Kämpfe vor Ort verwickelt sind« (D. Sölle). Die können wir uns nur in unserer Wohlstandskirche leisten, sie ist den jungen, armen Kirchen im Süden ganz fremd. Sie ist mit Argumenten kaum zu besiegen. Aber man könnte ja wie der junge David im Falle des depressiven Sauls zur Harfe greifen, um die Schwermut zu vertreiben. Er hat die Lieder angestimmt, die bis heute Tag für Tag in der Kirche erklingen, auch hier in unserem Gottesdienst. Das sollen nun Ihre Lieder werden, in diese Gotteslieder (die Psalmen) wollen und sollen Sie einstimmen. Das weitet den Raum in uns, eröffnet Perspektiven.

In der Apokalypse heißt es: »Und die Sieger ... trugen die Harfen Gottes. Sie sangen das Lied des Mose, des Knechtes Gottes, und das Lied zu Ehren des Lammes« (15,2f.). Das muss es geben in unserer Welt, durch die Zeiten hindurch: Menschen, die die Harfen Gottes tragen und das Lied zu Ehren des Lammes anstimmen. Menschen, die sich in all ihrer Gebrechlichkeit rufen lassen, damit im Konzert der Menschheit der Part Gottes durchkommt. Wenn der verstummt, dann gute Nacht. In einem altkirchlichen Hymnus las ich: »Wie der Wind durch die Harfe streicht und die Saiten erklingen, so fährt der Geist des Herrn durch unsere Glieder – und ich fange an zu singen, von seiner Liebe berührt.«

Der Spielraum Gottes

Der große Musiker Isaak Stern wurde einige Zeit nach der Kulturrevolution nach China eingeladen. Er sollte dort das neu beginnende Musikleben kennenlernen und beurteilen. Er nahm die Einladung an unter einer Bedingung: Er wollte das, was sich ihm darbot, mit der Kamera aufnehmen lassen. So entstand ein sehr aufschlussreicher Film. Man sieht, alles ist perfekt eintrainiert, ganz exakt ausgeführt, aber es klingt nicht. Es fehlt der Spielraum, aus dem die Musik ihre Strahlkraft bekommt, la part de Dieu.

Das treibt mich am meisten um, wir könnten im großen Konzert unserer bundesrepublikanischen Kirche wie ein Orchester sein, das die Partitur beherrscht und mit äußerster Perfektion spielt, aber es fehlt der Spielraum Gottes, von dem aus die Menschen bewegt und belebt werden. – Wir müssen schon nach Noten spielen, es geht nicht nur um unsere eigenen Improvisationen. Aber die Noten allein bringen's nicht. Mit all unseren erlernten pastoralen Künsten und Medien allein schaffen wir es nicht. Alles kommt darauf an, dass Gott durchkommt, sein Atem, sein schöpferischer Geist, der Menschen begeistern kann. Also: »Nehmt Gottes Melodie in euch auf« – als Spielmann Gottes.

All you need is love

Schrifttext: 1 Joh 4,16-21 –
Predigt bei der Diakonenweihe 1996 in Wirges

Unbezahlbar

»All you need is love«, sangen die Beatles. Sie haben recht: Alles, was wir brauchen, ist Liebe. Aber woher bekommen wir sie? Man kann sie nicht im Laden kaufen wie irgendein Ding, sie ist unbezahlbar. Mit dem Unbezahlbaren aber haben wir heute offenkundig unsere Probleme. Immer mehr Leute meinen, alles sei käuflich, und das Käufliche sei alles. Das ist ein großer Irrtum. »Alles, was ihr braucht, ist Liebe ...«, und die ist nicht zu kaufen, für kein Geld in der Welt. Wie kommen wir dazu?

Viele denken: Man muss den Leuten einfach ins Gewissen reden, das Ganze ist eine Sache der Moral. Sie setzen auf den Appell: Ihr müsst, ihr sollt ... Ob das so einfach ist? Liebe geht nicht auf Kommando! Man kann Blinden nicht zurufen: »Macht doch die Augen auf!« Das ist gemein. Der Appell bringt's nicht. Liebe ist nur durch Liebe zu wecken.

»Er hat uns zuerst geliebt«

Ein islamischer Mystiker fragt seine Schüler: »Worin besteht das rechte Verhalten des Menschen Gott gegenüber?« Sie antworten: »Darin, dass man Gott liebt.« Der Meister schüttelt den Kopf: »Nicht darin, dass ihr denkt, wir lieben Gott«, sagt er. »Wer denkt, er liebe Gott, der steht noch unter dem Zwang. So sollt ihr sprechen: Ich glaube fest, dass Gott mich liebt. Das ist das rechte Verhalten des Menschen Gott gegenüber.« Wer der Liebe Gottes glauben kann, der ist an der Quelle. Denn »Gott ist die Liebe« (16). Er ist zunächst und vor allem nicht ein Forderer, sondern der große Förderer unserer Liebe.

»Er hat uns zuerst geliebt« (19), sagt der erste Johannesbrief. Das ist der Grundsatz unseres Glaubens, eine Art Vorzeichen vor der Klammer. Plus oder minus – das betrifft alles. »Er hat uns zuerst geliebt.« Vor unserer Entscheidung für Gott steht seine Entscheidung für uns. Es ist nicht so, als müssten wir erst durch Studium und Askese Bedingungen schaffen, um von Gott geliebt zu werden. »Er hat uns zuerst geliebt.« Das steht vor allem, auch und gerade hier bei der Weihe. Was ist sie denn anderes, als dass Ihnen Gott unverbrüchlich auf Ihren Dienst in der Kirche hin ins Herz schreibt: Du bist geliebt. Du hast bei mir einen festen Platz, du bist nicht nur geduldet in der äußersten Ecke, sondern in meinem Herzen.

Keine Angst

»Furcht gibt es nicht in der Liebe ...« (18), bei Gott jedenfalls nicht. Er liebt nicht auf Probe: »Mal sehen, was draus wird.« Er hält nicht den Atem an, er lässt seinem Atem freien Lauf, dass er sie erfasse. Sein heißer Atem – das ist sein Geist, unauslöschlich. Gott macht keine halben Sachen, er geht aufs Ganze. Davon können Sie ausgehen.

»Furcht gibt es nicht in der Liebe ...« – bei Gott nicht. Bei uns schon eher. Wer kann das leugnen, dass bei aller Freude heute auch Fragen kommen: Nur drei? Wie wird's mit ihnen werden? Wie soll das nur weitergehen im Bistum? Fragen über Fragen. Die können uns schon auch ratlos machen. Wer kann genau sagen, was Gott mit uns im Sinn hat. Aber dessen bin ich gewiss: »Er hat uns zuerst geliebt.« Darum lassen wir uns keine Angst einjagen – nicht weil wir so stark sind, sondern weil er uns zuerst geliebt hat. Wenn wir dessen gewiss sind und darin verwurzelt, dann werden wir auf die Zukunft hin die rechten Entscheidungen treffen.

Er umarmt uns

»Gott ist die Liebe« (16). Das ist nicht das Allerweltscredo vom lieben Gott: »Brüder, überm Sternenzelt muss ein lieber Vater wohnen.« Die Sache ist anders. »Gott ist die Liebe« (16) – das ist keine abstrakte Definition, sondern die Summe der Geschichte Jesu. Sie ist eine Liebesgeschichte von A bis Z, von der Krippe bis zum Kreuz. Liebe ist für uns Christen kein Prinzip, sondern eine konkrete Person. Sie heißt Jesus Christus. Komme, was da kommen mag. Nichts vermag uns von ihm zu trennen – keine Mächte und Gewalten, weder Tod noch Teufel noch irgend etwas.

Er umarmt uns, und er geht uns bahnbrechend voraus. Das gibt Mut zu furchtloser Lebensgestaltung und offener Zuwendung zu den Menschen. Keiner braucht mehr verbissen bis zum Letzten für sein Leben zu kämpfen. Wir leben aus Liebe. – Darum kann ich mich schließlich auch dem Leid nähern. Jesus sagt mir durch das Kreuz: Du, ich mag dich leiden. Und ich versuche, ihm das nachzusprechen.

Man merkt, dass er uns mag

»Er hat uns zuerst geliebt.« Dieser Grundsatz hat eine ganz einfache, praktische Konsequenz: »Wir wollen lieben« (19). Die Liebesgeschichte Gottes soll durch uns weitergehen, die anderen darin einbeziehen. Was bedeutet das für Sie als Diakone?

Ein Diakon kommt zum heiligen Augustinus und klagt, dass er mit all seinen pastoralen Bemühungen nichts ausrichtet. Die Leute sind einfach nicht mehr ansprechbar und wissen nichts vom Glauben. Er ist total frustriert und will Schluss machen. Augustinus rät ihm, die Leute in sein Herz zu schließen. »Leidenschaftliche Liebe vermag dies: Wenn jene durch uns, die wir sprechen, betroffen werden und wir durch ihr Hören, dann wohnen wir einer im anderen. Und so kommt es, dass sie, was sie hören, gleichsam in uns sagen und wir gewissermaßen in ihnen lernen, was wir lehren« (De catechizandis rudibus XII 17).

Das ist es: Die Menschen lieben, zu denen wir gesandt sind, sie wirklich gern haben, bei ihnen sein in guten und vor allem auch in bösen Tagen. Das ist wichtiger als alle Pastoralkonzepte. Es ist im Grunde das Pastoralkonzept. – Eine Frau erzählte mir von ihrem alten Pfarrer: ›Man merkt, dass er uns mag. Wenn er den Gottesdienst beginnt, dann nimmt er uns zunächst alle in den Arm.‹ – Besser kann man's nicht sagen, worum es geht. Wie sollen wir denn sonst überbringen, dass Gott uns umarmt. Und da stehen die, die arm dran sind und zu kurz kommen, ausdrücklich an erster Stelle. Danach werden Sie gleich gefragt: »Seid Ihr bereit, den Armen und Kranken beizustehen und den Heimatlosen und Notleidenden zu helfen?«

»All you need is love.« Was wir am meisten brauchen, können wir uns am wenigsten selbst besorgen. Die Liebe ist ein Geschenk – des Himmels!

Wenn einer mir dienen will

Schrifttext: Joh 12,23-26 – Predigt bei der Diakonenweihe 1997

Eine Platzanweisung

Ein Diakon, der nicht dient, dient zu nichts. Diakon – der Name sagt's: Es geht ums Dienen. Dienen – was heißt das? Jesus bringt es auf den Punkt: »Wenn einer mir dienen will, folge er mir nach; und wo ich bin, dort wird auch mein Diener sein.« Das ist eine klare Platzanweisung. Diakon heißt: bei Jesus sein, an seiner Seite, an seinem Ort, auf seinem Weg. Jesus gibt auf die Frage nach dem Diakon keine theoretische Definition, er holt ihn an seine Seite. Er selbst ist der Diakon: Der Menschensohn ist nicht gekommen, um sich bedienen zu lassen, sondern um zu dienen und sein Leben hinzugeben.

Was bringt's?

Viele sind heute von der Frage beherrscht: Was bringt mir das? Schließlich gerät auch der Glaube unter diesen Maßstab: Was bringt der Gottesdienst? – Er bringt nichts, darum kann er gestrichen werden. Was bringt es, Kirchensteuern zu zahlen? Das bringt nicht viel, also: Austritt!

Man könnte ja auch auf den Gedanken kommen: Diakon – was bringt mir das? Eine bestimmte Position auf dem kirchlichen Dienstweg! Zwar nicht Priester, aber immerhin, Diakon ist was. Mit solchen Gedanken sind wir ganz woanders als dort, wo Jesus ist. »Wo ich bin, dort wird auch mein Diener sein.«

Weizenkorn im Acker der Welt

Wo ist Jesus? Bei ihm dreht sich nicht alles um die eigene Achse: Was bringt's? – Er sah von sich ab und machte den anderen zum Maßstab seines Handelns. Er war nicht auf seine Position bedacht, es ging ihm um uns. Er forderte nicht für sich, er gab. Er lebte nicht auf Kosten anderer, er ließ sich seinen Einsatz für die Menschen etwas kosten. Er ließ sich nicht bedienen und wollte erst recht nicht verdienen, er diente. Er gab sich hin als Weizenkorn in den Acker der Welt. Aus dieser Hingabe ist das neue Leben geboren. Er ist Garant dieses rätselhaften Wortes: »Wer an seinem Leben hängt, verliert es; wer aber sein Leben in dieser Welt geringachtet, wird es bewahren bis ins ewige Leben ... Wo ich bin, da wird auch der Diakon sein.«

Hingabe ist Gewinn. Man rettet nur, was man gibt. Erst das Loslassen ermöglicht neues Leben, neues Wachstum.

Dort sein, wo Jesus ist

Heute reden wir von Service und von Dienstleistungen, Kundenorientierung. Mobilität und Flexibilität zeichnen den erfolgreichen Angestellten aus, der im Aufzug zwischen dem ersten und dritten Stock erklären kann, wo sein Platz in der Wertschöpfung der Firma ist. Dienen meint Wertschöpfung in einem anderen Sinn. Die alleinerziehende Mutter einer behinderten Tochter, die sagt: »Wir sind überzeugt, dass behindertes Leben ein schönes Leben ist.« Sie hat den Sinn ihres Lebens entdeckt in der Beziehung zu anderen, die auch in Krankheit und Verlusten trägt. Die Krise der Kirche wird nicht durch ein verbessertes Angebot an Dienstleistungen überwunden. Es kommt darauf an, dass wir uns mit anderen auf den Weg Jesu machen: »Wenn das Weizenkorn nicht in die Erde fällt und stirbt, bleibt es allein.«

Jesus kann man nicht an und für sich finden und verstehen, isoliert von denen, für die er in die Welt kam. Die Nagelprobe des Diakonseins sind die, die keinen Menschen haben, die nichts bringen, von denen nichts zu erwarten ist, an denen Dienstleistungsbetriebe gar nicht interessiert sind, eben weil sie nichts bringen. Sie werden nicht zum Diakon geweiht, damit der Service klappt. Sie werden Diakon, damit Sie dort sind, wo Jesus ist, damit Sie der Spur seines Wortes und seiner Platzanweisung folgen. Jesus nachfolgen, das heißt: loslassen, verlieren, Angst überwinden, klein werden, dienen, teilen, sterben und so Leben gewinnen. Das geht gegen den Trend, in dem auch Dienstleistungen der Gewinnmaximierung dienen und Risiken kalkuliert werden müssen, in dem Ressourcen bis zum letzten ausgebeutet werden, damit die Maschine läuft und immer mehr Möglichkeiten produziert – für die, die mithalten können. Es geht nicht um die Effektivierung kirchlicher Programme, sondern darum, dass Diakone die tägliche Verzweiflung und die Ängste der Verlierer und der Fremden wahrnehmen, dass sie auf den Boden der Realitäten kommen, dahin, wo Menschen zum Himmel schreien. Das ist der Ort, wo Jesus ist. Sie werden nicht zum Diakon geweiht, damit der Service klappt. Sie werden Diakon, damit Sie dort sind, wo Jesus ist. Das ist der Punkt.

Ein Diakon, der nicht dient, dient zu nichts. Aber ein Diakon, der dient, macht seinem Herrn nicht nur alle Ehre, er ist ein wahrer Segen.

Von Gott qualifiziert

Schrifttext: 2 Kor 10,18 –
Predigt bei der Diakonenweihe 1999 in Wiesbaden

Selbstempfehlung?

Kennen wir uns eigentlich selbst? Wer bin ich? Wie komme ich zu mir selbst? Grundfragen des Lebens! Da holt uns das Paulus-Wort ein, auf das Sie uns in diesem Weihegottesdienst hinweisen möchten: »Nicht, wer sich selbst empfiehlt, ist anerkannt, sondern der, den der Herr empfiehlt.« Das geht an die Grundfesten unserer Existenz. Wie verstehen wir uns als Christ? Wie verstehen wir uns als Diakon? Wer bin ich?

Wir können diese Fragen nach uns selbst nicht mit uns selbst beantworten. Mit bloßer Selbstverwirklichung ist es nicht getan. Wir sind uns vorgegeben, oft genug wie ein Rätsel. Wir sind nicht die Schöpfer unserer selbst. Darum können wir auch nicht allein zu uns selbst finden. »Du wärest bald am Ende mit mir, wenn ich nicht eins wäre mit dem, der keine Grenzen kennt« (Paul Claudel, Der seidene Schuh). Eins mit dem Grenzenlosen, eins mit Gott. Das ist des Rätsels Lösung, das wir uns selber sind.

Wer allein durch eigene Anstrengung und durch welche Eigenleistung auch immer zu sich selbst kommen und also den Sinn seines Daseins selbst produzieren will, verkennt ganz einfach die eigenen Gegebenheiten. »Der produziert sich selbst«, sagen wir. Das ist zum Lachen oder auch zum Weinen, wenn einer sich selbst produziert. Das stimmt hinten und vorn nicht: sich selbst machen, self-made-man ... Eine Gesellschaft der Macher! Was dabei herauskommt, ist Mache.

Mehr Gabe als Werk

Kennen wir uns eigentlich selbst? Wissen wir, wer wir sind? Diese Fragen zielen auch auf den Beruf, auf das Amt, in das Sie eintreten und eingeweiht werden. Wer bin ich als Diakon, als Priester? In Ihrem Alter denken die meisten längst an Existenzgründung. Man will sich seine Existenz aufbauen. Jeder legt seine Zertifikate vor, schließlich das Diplom. Er empfiehlt sich, so gut er kann. Und er hat noch andere Referenzen in petto. Empfehlung ist heute alles, ohne sie läuft nichts.

Und nun hören wir noch einmal in diesem Kontext neu das Schriftwort: »Nicht, wer sich selbst empfiehlt, ist anerkannt, sondern der, den der Herr empfiehlt« (2 Kor 10,18). Das ist nach langen Jahren Studium wie eine kalte Dusche. Das heißt doch im Klartext: Unsere Empfehlungen bringen's letztlich nicht. Der ist anerkannt, »den der Herr empfiehlt.« Ist damit alles andere Makulatur? Gott bewahre. Aber es hat nur einen begrenzten Stellenwert. Bei allem Wert unserer Qualifikationen – Gott qualifiziert uns für den Dienst. Darum das Sakrament der Weihe.

Oft sagen wir Älteren den jüngeren Leuten wie eine Lebensregel: »Das Leben ist hart. Du musst dir deine Existenz teuer erkaufen. Es wird dir nichts geschenkt.« Stimmt das? Sicher, das Leben ist auch unsere Tat, es ist Werk, Lebenswerk. Aber das ist nicht alles. Den Kern der Sache erreichen wir damit nicht. Das Amt des Diakons, des Priesters ist mehr Gabe als Werk, mehr Geschenk als Tat.

Das bringt die Weihe zum Ausdruck. Sakrament heißt: Ich empfange, was nicht aus mir kommt und was ich mir selbst nicht besorgen kann. Ich bin Träger dessen, was Gott mir anvertraut. Was unseren Dienst konstituiert, ist nicht das Produkt eigenen Wissens und eigener Leistung. Das Sakrament ist Zeichen der bleibenden Initiative Gottes vor allem menschlichen Handeln und trotz aller menschlichen Schwächen. Wir bleiben darauf angewiesen, dass Gott uns für den Dienst qualifiziert.

Transparenz

In unserer Bildungsgesellschaft sind Zertifikate und Empfehlungen sehr gefragt. Das gilt auch im Bereich der Kirche, aus gutem Grund. Wir müssen denen Rede und Antwort stehen, die nach dem Grund unserer Hoffnung fragen, und zwar mit Argumenten, nicht etwa nur mit frommem Augenaufschlag. Die Qualifikationen zählen. Und die Weihe? Ist sie nicht mehr so nötig, schließlich überflüssig? Gott bewahre!

Gerade in der Widerständigkeit einer sakramentalen Institution steht das Amt dafür, dass wir als Kirche nicht aus uns selbst leben, sondern von Gott her. Der ist anerkannt, »den der Herr empfiehlt« – indem er ihn ins Amt ruft. Es gibt eine Art kirchlichen Pragmatismus, der schließlich nur noch funktioniert. Wir betreiben dann unser Handwerk wie irgend etwas sonst, als religiöse Unterhaltung, Entertainment. Das mit Gott machen wir schon, das haben wir im Griff. – Um Gottes willen, das wäre ein sicheres Zeichen, dass uns Gott abhanden gekommen ist. Er lässt sich nicht von frommen Funktionären verwalten.

Das bedeutet für den Amtsträger, dass er überall dort seinen Dienst verdunkelt oder verrät, wo er sich selbst in den Vordergrund schiebt und nicht mehr transparent ist für das Handeln des Herrn. Nur der ist anerkannt, »den der Herr empfiehlt«. Sonst bleiben wir schließlich bei Selbstempfehlungen: schöner Gottesdienst, kam gut an, hat mir gefallen ... – Es ist nicht damit getan, dass wir uns untereinander auf die Schulter klopfen und uns bestätigen, sondern dass wir uns gemeinsam Gott zuwenden. Er möge uns dazu befähigen.

Eingeweiht in Jesus Christus

Schrifttext: Joh 15,1-9 –
Predigt bei der Priesterweihe 1994 im Dom zu Limburg

Wo kann ich bleiben?

Das Wort, das Sie uns mit dem Evangelium zurufen, hat einen eigenartigen Klang: Bleibt in meiner Liebe, bleibt! Ehrlich, ist das nicht etwas hausbacken, bieder? Wie wenn man sich schon in den Filzpantoffeln eingerichtet hat ... Mancher von den Jüngeren hier wird denken: Nun ja, drei von den Vieren sind schon etwas älter, da kann man's verstehen mit dem Bleiben. Wo ist da etwas von Aufbruch zu spüren?

Das gängige Lebensgefühl heute weist in eine ganz andere Richtung. Veränderung ist gefragt, Mobilität. Das Auto-mobil ist der Inbegriff des modernen Lebens, wie ein Symbol der Zeit. Beweglichkeit ist Trumpf, nicht nur in der Urlaubszeit. Das Neue ist das Bessere: noch größer, noch schneller, noch mehr ...

Je beweglicher wir werden und je mehr wir unterwegs sind, desto stärker bricht die Frage auf: Wo gehöre ich denn eigentlich hin? Wo kann ich bleiben? Wenn ich das nicht weiß, liege ich am Ende auf der Straße und stehe im Regen. Viele sind unbehaust, nicht nur die Wohnsitzlosen.

Das ist doch kein Leben, wenn man nicht weiß, wo man bleiben kann. Da geht's nicht nur um die eigenen vier Wände, sondern vielmehr noch um den anderen, der zu mir steht und bei mir bleibt. Wer vorankommen will, braucht den Schutz dessen, der bei ihm bleibt, ihm den Rücken freihält.

Bleibt in meiner Liebe

Da holt uns das Wort ein: »Bleibt in meiner Liebe.« Es ist, sagt das Evangelium, wie beim Weinstock. Jeder kennt das, nicht nur die Rheingauer. Weinstock und Rebe gehören zusammen, wie Wurzel und Wachstum, Baum und Frucht. Das ist eine lebendige Einheit. Was soll ein Rebzweig, der sich vom Weinstock löst? Er verdorrt und wird zum Brennholz geworfen. Ohne Verbindung mit dem Stamm wird er saft- und kraftlos. Der Lebensstrom ist an den Wurzelgrund gebunden, an den festen Standort.

Haltet euch an mein Wort, an meine Liebe, sagt Jesus. Sie werden euch innerlich wachsen lassen, standfest machen und frei. Wenn ihr das preisgebt, wenn ihr da nicht mehr »dran« seid, dann werdet ihr zu bloßen Schaustellern von Religion, dann seid ihr nicht mehr »in«, sondern »out«.

Was soll ein Christentum ohne Christus? Es ist ein einziger Betrug. Es dient zu nichts und wird weggeworfen, ins Feuer. Ohne Christus hängen wir mit all unserem Bemühen um Veränderung und Erneuerung der Kirche in der Luft. Von ihm weggehen bedeutet nicht Fortschritt, sondern Abfall. Wachstum im Glauben, in der Hoffnung und in der Liebe kann es nur geben, wenn wir in Christus bleiben. Wer da nicht »in« ist, ist »out«, ausgebrannt, »burned out«.

Unauslöschlich besiegelt

Wir sind in der Gemeinschaft mit Jesus gut aufgehoben, haben da unsere Bleibe. Das Sakrament der Priesterweihe schenkt uns diese Gewissheit. Was Ihren Dienst konstitutiert, ist nicht das Produkt Ihres eigenen Wissens und Ihrer eigenen Leistung. Sie werden durch das Sakrament in Christus eingeweiht. Durch die Verbindung mit ihm empfangen Sie, was Sie sich selbst nicht besorgen können. Sie dürfen in Ihrem Dienst weitergeben, was nicht aus Ihnen selbst kommt. Darum kann sich niemand selbst zum Priester erklären; und keine Gemeinde kann mit ihren Beschlüssen jemanden dazu machen.

Eingeweiht in Jesus Christus: Er setzt seine Unterschrift unter diesen Akt und sein Siegel. Das ist die Weiheurkunde. Kein Mensch der Welt kann dieses Siegel auslöschen, es ist »unauslöschlich«. Christus bleibt dabei, in allem Hin und Her, in allem Auf und Ab unseres Lebens. Er steht dazu, er steht zu uns. Das schenkt uns die Bleibe. Gott sei Dank! Wo kämen wir sonst hin? Wir wären heillos überfordert.

Doch nun liegt's auch an uns, dass wir, dass Sie dabei bleiben. Die Frage, die Ihnen gleich gestellt wird, lautet: »Seid Ihr bereit, Euch Christus, dem Herrn, von Tag zu Tag enger zu verbinden und so zum Heil der Menschen für Gott zu leben?« Das ist der Punkt, das ist die Frage. Da ist Treue gefragt, Standhaftigkeit: Ich stehe zu meinem Wort; ich bleib dabei, auch unter schwierigen Umständen, auch gegen den Trend. Wir brauchen den Standort, wir brauchen den Weg nach innen, um draußen Veränderungen bewirken zu können. »Der um die Erfahrung der inneren Welt betrogene Mensch ist verstümmelt« (D. Sölle). Wie ein Zweig, der sich vom Stamm gelöst hat. Deshalb kann er bei aller Tatkraft nur eine seelenlose Welt gestalten.

Bleiben und aufbrechen

»Man muss weggehen können und fest stehen wie ein Baum«, sagt die Dichterin Hilde Domin. Die Spannung, die in diesem Wort liegt, prägt unser Leben: Aufbruch und Bleibe. Darum geht's. Man muss einen Standpunkt haben, um überhaupt aufbrechen zu können. Denken Sie an das wunderbare Bild der Lesung, vergessen Sie es nicht: Gesegnet der, der auf den Herrn sich verlässt und dessen Hoffnung der Herrn ist. Er ist wie ein Baum, der am Wasser gepflanzt ist und am Bach seine Wurzeln ausstreckt: Er hat nichts zu fürchten, wenn Hitze kommt; seine Blätter bleiben grün; auch in einem trockenen Jahr ist er ohne Sorge, unablässig bringt er seine Früchte.

»Bleibt in meiner Liebe«, sagt Jesus, »bleibt in mir«. Das ist das Geheimnis unseres Glaubens, das ist das Geheimnis des Priesterberufes. Geheim-nis meint, dass wir in Christus ein Heim haben, eine Bleibe. Es ist nicht damit getan, dass wir über ihn Bescheid wissen. Es kommt darauf an, dass wir in ihm zu Hause sind, daheim. Sonst wird's un-heimlich. Besseres können Sie sich nicht sagen lassen, es bleibt dabei: »Bleibt in meiner Liebe!«

Werft das Netz aus

Schrifttext: Joh 21,1-14 – Predigt bei der Priesterweihe 1996

»Der alte Mann und das Meer«

Das Evangelium vom Fischfang. Als ich es bedachte, kam mir eine Geschichte in den Sinn, die mit ihrem Autor berühmt geworden ist: Ernest Hemingway, »Der alte Mann und das Meer«. Der alte Fischer war zeit seines Lebens vom Pech verfolgt. Was in unserer Gesellschaft zählt, blieb ihm versagt: Erfolg. Schließlich setzt er alles auf eine Karte. Er fährt mit seinem kleinen Boot allein auf die hohe See hinaus, viel weiter als je zuvor. Und er macht den Fang seines Lebens, nach einem Kampf auf Leben und Tod. Alles steht auf dem Spiel: Selbstachtung, Erfolg, Überleben. Der Fischer bleibt Sieger – zunächst jedenfalls. Er nimmt den Riesenfisch ins Schlepptau und will ihn heimwärts rudern. Da umkreisen Haie sein Boot und fressen die Beute, Stück für Stück. Nach Tagen kommt er heim – ein geschlagener Mann. Nichts ist ihm geblieben, nur das Gerippe.

Leere Netze

Sie werden sich wundern: Priesterweihe, und dann die Geschichte vom alten Mann und dem Meer. Vielleicht passt sie zu mir. Aber zu Ihnen? Sie sind doch nicht am Ende, Sie fangen an. Aber für den Anfang haben Sie mit Bedacht die Erzählung vom Fischfang gewählt. Ein nachdenkliches Kapitel am Ende des Johannesevangeliums. Der Alltag hat die Jünger wieder – die alte Umgebung, der alte Beruf, das alte Lied. Noch grauer als vorher. Von Jesus keine Rede. »Ich gehe fischen« (3), sagt Petrus.

Was denn sonst? Die anderen kommen mit – zu siebt sind sie, genau wie Sie hier. Die ganze dunkle Nacht arbeiten sie durch. An Einsatz mangelt es nicht. Umsonst! Die Bilanz: leere Netze. »Sie fingen nichts« (3). Zweimal steht's da, damit es niemand übersieht. Nichts – noch weniger als das Gerippe. Das gab's schon damals, als es begann.

Das kennen wir doch zu Genüge in unserer derzeitigen kirchlichen Situation. Man rackert sich ab ohne Erfolg. Wie lang solche Phasen dauern, wissen wir nie im voraus. Oft braucht es lange Zeit, bis wir überhaupt merken, wie leer unsere Netze sind. – Viele von uns haben bewegende Aufbrüche in der Kirche miterlebt: Konzil, Synode, Ausfahrten auf die hohe See. Und nun? Manchmal denke ich, und manchem von Ihnen wird's ähnlich ergehen: Lohnt sich's noch? Dieser Kraftaufwand, diese Strapazen! Steht der Einsatz noch im Verhältnis zu dem, was dabei herauskommt? Bleibt am Ende schließlich nur das Gerippe – die Strukturen. Die sind stabil, die halten noch lange. Aber sie sind weder Fisch noch Fleisch.

Gnade des Nullpunkts

Hemingway und das Evangelium – zwei Fischergeschichten. Und doch, ein Unterschied wie Tag und Nacht. Tief in der Nacht kommt der alte Mann geschlagen zurück von der Fahrt auf dem Meer. Die Lichter sind aus. »Es war niemand da, um ihm zu helfen ...« – Die Jünger kommen mit ihren leeren Netzen im Morgengrauen zurück. Es steht jemand am Ufer und wartet auf sie. Sie sind erwartet, auch in der Stunde des Misserfolgs. Zwar erkennen sie den Fremden nicht. Aber es dämmert ihnen, in der Morgendämmerung. Noch ist nicht aller Tage Abend. Ein neuer Tag bricht an. Die Zukunft ist mehr als eine Verlängerung der düsteren Gegenwart, mehr als der eigene Misserfolg, mehr auch als der Erfolg. Da gilt etwas anderes: »Er aber sagte zu ihnen: Werft das Netz auf der rechten Seite des Bootes aus, und ihr werdet etwas fangen« (6).

Es gibt eine Gnade des Nullpunktes. Es gibt die Gnade, gegen den Augenschein und das Übliche erneut aufzubrechen, sogar über alle Fischergewohnheit hinaus am helllichten Tag auszufahren und die Erfahrung zu machen, dass das Wort eines anderen trägt, das Wort des ganz Anderen. Wo ursprunghaftes Vertrauen und ungebrochenes Verstehen, wo Zuwendung und Zuversicht zusammenkommen, da kann ein Wort Wunder wirken. Wir ahnen gar nicht, was Gott aus den Bruchstücken unseres Lebens macht, wenn wir sie ihm ganz überlassen.

»Werft das Netz aus«

Eigenartig, als die Jünger mit den leeren Netzen zurückkommen, erkennen sie Jesus nicht. Er ist bei ihnen, aber sie wissen nicht, dass es Jesus ist (vgl. 4). Kaum dass die Netze sich füllen, sieht der Jünger, den Jesus liebte, schon vom See aus: »Es ist der Herr!« (7). – Ob wir erst in Augenblicken der Erfüllung richtig erkennen, wie nah er uns ist? Jedenfalls ist Petrus nicht mehr zu halten. Er stürzt sich Hals über Kopf in den See, Jesus entgegen. Und auch den anderen im Boot gehen die Augen auf, sie kommen nach mit dem Boot und den vollen Netzen.

Am Ufer brennt das Feuer. Das Mahl ist bereitet, ehe die Fischer mit ihrem Fang eintreffen. Sie werden also nicht mit ihrem eigenen Erfolg abgespeist. Es wäre ja auch ganz trostlos, wenn alles vom Gelingen unseres Tuns abhinge und wir nur vom Erfolg unserer Arbeit lebten. Haben die Jünger all die vielen Fische umsonst mitgebracht? Nein! »Jesus sagte zu ihnen: Bringt von den Fischen, die ihr gerade gefangen habt« (10). – Aber, ist es nicht so: Die Augenblicke in unserem Leben, in denen wir etwas vom Himmel auf Erden spüren, sind nicht unser Werk. Da stoßen wir auf etwas, das nicht von uns selber stammt. Wir sind beschenkt und sagen: Gott sei Dank. Das genau ist die Eucharistie: ein Geschenk des Himmels, nicht das Ergebnis unserer Leistung. Wir machen sie nicht, wir empfangen sie. »Kostet und seht, wie gut der Herr ist« (Ps 34,9). Vergessen Sie nicht, ihn täglich zu kosten. Er ist unser täglich Brot.

Die Erzählung vom Fischfang ist eine Ostergeschichte, die den Karfreitag in sich hat. Das ist nicht die resignative Bilanz eines geschlagenen Mannes, nicht das frustrierte und frustrierende Dauerlamento über die leeren Netze, sondern eine Ostergewissheit aus durchlittener Karfreitagserfahrung. Da fährt nicht ein alter Mann als Einzelkämpfer hinaus auf die hohe See, sieben sind's hier in der Erzählung – Ihr Evangelium! Sie können die Ausfahrt wagen, auf sein Wort hin: »Werft das Netz aus.«

Prioritäten

Schrifttext: Mt 6,24-33 – Predigt bei der Priesterweihe 1997

»Zuerst«, das ist ein wichtiges Wort. Das bedeutet Priorität, Spitze, absolute Spitze. Man muss wissen, was man zuerst und was man zuletzt tut. Wer nicht mehr weiß, was er zuerst und zuletzt tun soll, der ist arm dran.

Wer als Priester beginnt, muss wissen, worum es in seinem Amt geht, welche Prioritäten für seinen Dienst gelten sollen. Die hat er nicht nur von sich aus zu bestimmen. Es gibt Prioritäten, die Jesus im Evangelium setzt. Eine ist hier genannt, Sie geben sie uns zu bedenken: »Euch aber muss es zuerst um Gottes Reich und um seine Gerechtigkeit gehen; dann wird euch alles andere dazugegeben.«

Gott zuerst

Gott, Gottes Reich – zuerst? Für viele Menschen steht das Wort – wenn überhaupt –, dann zuletzt, irgendwo am Schluss. Weder regt es sie auf, noch reißt es sie von den Stühlen. Sie sind mit ihm am Ende. Die Aushöhlung des Gottesglaubens geschieht unmerklich, wie die Erosion einer Sandsteinfigur in Wind und Wetter. Zunächst verschwindet das Profil, dann wird Schicht um Schicht des Gesteins abgetragen, und zum Schluss stehen nur noch einige traurige Überreste. Gesicht und Gestalt sind nicht mehr zu erkennen.

So ist das heute: Eine vage Gottgläubigkeit lässt man sich gefallen. Wir sind ja alle irgendwie »religiöse Menschen«; und das eine oder andere aus Jesu Lehre ist auch ganz interessant; aber dort, wo sein Wort kantig wird und Konsequenzen verlangt, da wird ihm die Gefolgschaft aufgekündigt. – In diesem gesellschaftlichen Gegenwind stehen wir. Halten wir ihm stand? Da muss man wissen, was man zuerst und was man zuletzt tut. Seelsorge braucht Menschen, denen die Leidenschaft für Gott und sein Reich über alles geht.

Im Kraftfeld des Herrn

Man kann nicht gleichzeitig auf verschiedenen Hochzeiten tanzen. Sie haben's gehört: »Niemand kann zwei Herren dienen ... Ihr könnt nicht beiden dienen, Gott und dem Mammon« (24). Wer ja sagt zu Gott, der muss auch nein sagen können. Man kann nicht zu allem Ja und Amen sagen, als Priester schon gar nicht. Entschiedenheit tut not.

Das ist wie mit einem Kompass. Alles hängt davon ab, in welchem Kraftfeld er steht. Wenn er ins Magnetfeld des Mammon gerät, dann bewegt er sich zwar heftig, überschlägt sich geradezu; und doch führt er in die Irre – wie ein Schiffskompass, in dessen Nähe man einen Magneten aufstellt; dann ist die Verbindung zum Nordpol gekappt. Den Pol, der unserer Lebensfahrt Richtung gibt, beschreibt Jesus sehr einfach und sehr genau so: »Euch aber muss es zuerst um Gottes Reich und um seine Gerechtigkeit gehen; dann wird euch alles andere dazugegeben.« – Könnte es sein, dass darin die Abweichung, die Verschiebung liegt: Uns geht es zuerst um »alles andere«. Und das wollen wir uns nach Kräften selbst besorgen. Je mehr wir darin aufgehen, umgeben wir uns mit einem Gespinst von Besorgungs-Aktivitäten, auch in der Kirche. Und schließlich müssen wir Entsorgungs-Spezialisten zur Hilfe rufen, weil wir unserem eigenen Kraftfeld nicht recht mehr trauen.

Wenn unser Kompass im Kraftfeld des Herrn steht, dann ist er frei zu jener wegweisenden Aufgabe, für die er geschaffen ist. Dann ändert sich alles, es ordnet sich von diesem Magnetfeld her.

Den Himmel tragen wollen oder sich vom Himmel getragen wissen?

»Seht euch die Vögel des Himmels an ...« (26). Die Spatzen pfeifen's von den Dächern. Was pfeifen sie? Ich kann es Ihnen nicht besser sagen als mit dieser Fabel, die ich Ihnen schon oft erzählt habe und die ich mir selbst immer neu erzählen muss. Sie spricht von zwei Vögeln.

Der eine Vogel liegt auf dem Rücken und hat die Beine starr gegen den Himmel gestreckt. Ein anderer Vogel fliegt vorbei, sieht das und fragt verwundert: »Was ist denn mir dir los?« Der antwortet: »Ich trage den Himmel mit meinen Füßen. Wenn ich sie zurückziehe, stürzt der Himmel ein.« Im selben Augenblick fährt ein Windstoß durch die Bäume. Vom Rascheln der Blätter erschreckt dreht sich der Vogel um und fliegt – so schnell er kann – davon. Der Himmel aber bleibt an seinem Ort.

Man könnte lachen über den armen Tropf, der sich so wichtig nimmt für den Fortbestand der Welt, dass er den ganzen Himmel halten will – und vor einem Blatt zu Tode erschrickt. Man könnte lachen ... Wenn man über sich selbst noch lachen kann.

»Seht euch die Vögel des Himmels an«, sagt Jesus. Sie säen nicht, sie ernten nicht, und Gott erhält sie doch. Er entwirft ein Kontrastbild zu dem Vogel, der mit seinen Füßen den Himmel tragen will. Vögel vertrauen doch darauf, dass der Himmel trägt.

Den Himmel selber tragen wollen oder sich vom Himmel getragen wissen, das ist ein himmelweiter Unterschied. Wer darauf vertraut, dass der Himmel trägt, der hat Hände und Füße, Kopf und Herz frei, Gottes Reich und seiner Gerechtigkeit den Weg zu bereiten. Darum gibt es bei aller gegenwärtigen Herausforderung unseres Amtes eine geistgewirkte Gelassenheit. Sicher, wir sind gefordert und sollen und können uns nicht heraushalten. Aber *wir* sind's nicht, an denen das Heil der Welt hängt. Wir hoffen nicht auf uns selbst, und darum brauchen wir nicht ans Werk zu gehen wie jene, die keine andere Hoffnung haben als sich selbst. Wenn wir's nur nicht vergessen: »Euch aber soll es zuerst um Gottes Reich und seine Gerechtigkeit gehen; dann wird euch alles andere dazugegeben.« Keine Sorge – Ihr kommt schon nicht zu kurz. Mit Gott könnt ihr gar nichts versäumen.

Dem Geist Raum geben

Schrifttext: Apg 2,14-18 – Predigt bei der Priesterweihe 1998

I have a dream

Bald nach der Wende erschien 1991 ein Buch von Joachim Fest: »Der zerstörte Traum. Vom Ende des utopischen Zeitalters.« Dort ist zu lesen, dass die Menschen heute ohne das große Tamtam der Utopien, ohne Visionen und Träume leben müssen. Das sei nun einmal der Preis der Modernität. – Bedeutet Modernität Traumlosigkeit? Sind wir auf den blanken Pragmatismus festgelegt? Fällt den Zeitgenossen keine Alternative mehr ein zum vorhandenen Wohlstandssystem, zum Status quo?

»I have a dream«, sang Martin Luther King vor dreißig Jahren: »Ich habe einen Traum«. Er hatte den Traum von einer Gesellschaft, in der Schwarze und Weiße gleichberechtigt in Frieden miteinander leben können. Das ist heute nicht nur in den USA so, sogar in Südafrika. »I have a dream« Wenn viele gemeinsam träumen, ist das der Beginn einer neuen Wirklichkeit.

Horizonterweiterung

Träume sind Schäume, sagen wir. Mehr nicht? Träume können Inspirationen des Geistes Gottes in unserer Seele sein. Und Visionen sind nicht eine Art Fernsehen in die Zukunft. Sie sind wie der Durchblick in einer schwierigen Situation, wie Weitsicht. Es gibt doch Erfahrungen, die uns über unser begrenztes Ich mit seinem begrenzten Sachverstand hinausführen. Wir sagen dann wohl: Etwas blitzt auf – eine Idee, ein Bild. Etwas wird uns blitzartig klar in einem Wort, in einem Buch, in einer Begegnung. Das kann uns vom Stuhl reißen: ein Aufschwung zu größerem, unbedingtem, wahrem Leben. Das Gespür für die Wirklichkeit weitet sich, neue Horizonte tun sich auf, größer als unser eigenes bisheriges bisschen Leben in seinen oft engen und kleinkarierten Grenzen. Wir ahnen: Es gibt noch ganz andere Möglichkeiten, die Möglichkeiten Gottes mit uns.

Davon spricht Petrus in seiner ersten Pfingstpredigt (wir hörten sie als Lesung, Apg 2). Kaum zu glauben, was er da sagt; er, der für Recht und Ordnung steht, der Felsenmann. Er zitiert den Propheten Joel:

»Eure Söhne und eure Töchter werden Propheten sein,
eure jungen Männer werden Visionen haben,
und eure Alten werden Träume haben« (Apg 2,17).

Frauen und Männer, Junge und Alte, Freie und Unfreie werden gleichermaßen von der verändernden Kraft des Geistes erfasst und wachsen über sich selbst hinaus. So verschieden die Menschen sind, sie verstehen sich. Blitzartig wird klar, worum es Gott geht: Um sein geschwisterliches Volk in der einen Welt.

Wo der Geist Gottes am Werke ist, da tun sich neue Horizonte auf. So beginnt Jesus sein Wirken: »Der Geist des Herrn ruht auf mir« (Lk 4,18). So sendet er die Jünger aus: »Er hauchte sie an und sprach zu ihnen: Empfangt den Heiligen Geist!« (Joh 20,22).

Der Heilige Geist weitet die Wirklichkeit. Er ist die Kraft der Sakramente:

- Die Taufe aus dem Wasser und dem Heiligen Geist.
- Die Eucharistie: »Sende deinen Geist auf diese Gaben herab und heilige sie, damit sie uns werden Leib und Blut deines Sohnes, unseres Herrn Jesus Christus.«
- Die Weihe: »Veni sancte spiritus.«

Wenn uns der Geist ausgeht

»Dem Geist Raum geben.« Darum geht's, dass Sie dem Geist die Tore weit öffnen. Fragen Sie sich: Was belebt mich eigentlich? Was inspiriert mich? Wo spüre ich, dass ich nicht nur funktioniere, sondern lebe? Es gibt eine Art innerkirchlichen Pragmatismus, traumlos und geistlos. Wir betreiben dann unser Handwerk wie irgend etwas sonst, wir haben die Sache im Griff, wir machen das schon, mit neuen Strategien und Plänen. »Wenn der Heilige Geist fehlt, dann wird das Dogma zum Mythos, und die Kirche wird zur Partei« (Henri de Lubac). Wird uns die Rolle als Partei nicht an allen Ecken und Enden zugeschoben, vorab von den Medien? Dann sind wir's schließlich, weil uns der Geist ausgegangen ist. Übrig bleibt am Ende die fromme Variante des ganzen Unterhaltungsbetriebes, religiöses Entertainment. Wie viel Institution vertragen wir, ohne dass uns der Geist ausgeht?

Die Visionen nähren

Manchmal, in einer ruhigen Stunde, frage ich mich: Was erwartest du eigentlich? Ich merke, wie meine kleine Welt an den engen vier Wänden endet und ich damit zufrieden bin, wenn es dort so läuft, wie es halt läuft, ohne allzu große Pannen. Ich frage mich: Ist das alles? Das kann doch nicht alles sein. Ich sehe die Bibel vor mir liegen, ein Buch voller Hoffnungen, voller Visionen und Träume:

- Von der Mahlgemeinschaft aller Völker,
- vom Umschmieden der Schwerter zu Pflugscharen,
- von Gott, der wie ein Vater oder eine Mutter die Tränen aus unseren Augen wischt,
- vom Lachen der Söhne und Töchter Gottes.

Das sagt und besingt unsere Tradition in vielen Bildern und Visionen. Die können wir nicht ersetzen, schon gar nicht durch unsere geheimnislose Computersprache. Wir können sie nur schützen und mithelfen, dass sie unter uns lebendig bleiben. Sonst erschöpft sich schließlich das Interesse sehr schnell im eigenen Schrebergarten, bei der Erhaltung des Status quo. Dann sind wir auf das Vorhandene festgelegt, auf das Gehabte, auf das, was ist: Brot ist Brot und Wein ist Wein. Ist das alles? »Sende deinen Geist auf diese Gaben herab.«

Wie nähren wir unsere Träume und Visionen? Indem wir offen sind für sie, uns überraschen lassen. Es ist ein Riesenunterschied, ob ich sage: Was soll's? Spinnerei! Oder: Warum eigentlich nicht? Träume können uns auf den Weg bringen, uns inspirieren. Wo kämen wir hin, wenn wir die Traumgeschichten der Bibel nicht hätten, ihre visionäre Perspektive auf die Zukunft. Ohne sie wären wir nicht hier. Sich ihrer zu erinnern ist ein stets neu zu feierndes Fest, das uns mit Jesus verbindet und untereinander. Dem Geist Raum geben ... Er weitet unsere Wirklichkeit, er weitet unseren Horizont.

Mitfühlen mit unserer Schwäche

Schrifttext Hebr 4,15 – Predigt bei der Priesterweihe 1999

Kraftlos?

Noch etwa fünf Monate, dann ist die Jahrtausendwende. Fünf vor zweitausend – wie fünf vor zwölf. Ein kritischer Punkt in der Kirche. Wir erleben eine dramatische Veränderung des kirchlichen Lebens. Manche sprechen im Blick auf die Geschichte des Gottesvolkes von Wüstenwanderung, von Exilssituation und Diasporakirche. Viele sind müde geworden auf dem beschwerlichen Weg des Glaubens, resignieren, orientieren sich anderwärts, verlieren den Glauben. Die Reihen lichten sich, wir werden weniger. Haben wir noch die Kraft, Menschen zu begeistern, Signale zu setzen für den Weg in das kommende Jahrtausend?

In dieser Situation werden Sie drei zum Priester geweiht. Und Sie nehmen zur Deutung dieses Ihres Schrittes ein Wort aus dem Hebräerbrief: »Wir haben ja nicht einen Hohenpriester, der nicht mitfühlen könnte mit unserer Schwäche« (4,15). Also – von Schwäche ist da die Rede. Das kennzeichnet die Situation, aus der heraus das Wort damals vor 1900 Jahren geschrieben worden ist. An vielen Stellen kann man dem Brief entnehmen, dass die Gemeinde müde geworden ist und den Kopf hängen läßt, schwerhörig wird, nicht durchhält und auf der Strecke bleibt.

Der Urheber und Vollender

In diese Situation hinein zeichnet der Hebräerbrief das Bild *des* Priesters, in dem uns ein für allemal das Heil geschenkt ist: Jesus Christus. Er ist einer von uns (2,14), in allem uns gleich (2,17) und doch ohne Sünde. Auch er ist der Schwäche unterworfen (5,2), auch er ist versucht worden (5,7-9). Auch er hat gelitten (2,14f.). Deshalb ist er der »Herzog des Heils« (2,10), der »Urheber ewigen Heiles« (5,9), der »Vorläufer für uns« (6,20), der »Urheber und Vollender des Glaubens« (12,2).

Bisweilen wird uns gesagt: In deiner Haut möchte ich nicht stecken. Er steckt in unserer Haut. »Wir haben ja nicht einen Hohenpriester, der nicht mitfühlen könnte mit unserer Schwäche« (4,15). Er geht mit und fühlt mit, er leidet mit in heißer Mitleidenschaft und wendet sich voll Erbarmen den Menschen zu. Seine »Sympathie« wird nicht einfach nur lehrhaft behauptet, sondern von ihm selbst »mit lauten Schreien und unter Tränen« erlernt. Weil er selbst allererst lernen mußte, was es heißt, Gott zu gehören und in die Schule des Mitleidens zu gehen, kann er für andere zum Vorgänger und Vorbild/Urbild priesterlichen Tuns werden. Was immer in kirchlichen Kreisen priesterlich genannt wird, hat hier sein Maß. Er ist nicht wie die Priester in anderen Kulturen, nicht wie die Heilsvertreter und Heilsvermittler auf dem Markt heutiger Sinnagenturen, nicht wie die Priesterkönige damals und heute. Seine priesterliche Ausstrahlung, seine heilschaffende Vollmacht ist seine Sympathie und sein Erbarmen. Die Christusgestalt des Hebräerbriefes ist gekennzeichnet durch die typische Spannung von größtem gottgestifteten Selbstbewußtsein und größter Selbstlosigkeit, von tiefer Einbindung in Gott und einer daraus strömenden Fühlkraft, Liebesfähigkeit und Offenheit – mit der Konsequenz, sich nicht nur berühren, sondern auch verwunden zu lassen, ohne darüber groß zu jammern, ohne damit zu kokettieren, ohne es masochistisch oder sadistisch auszubeuten.

Es ist und bleibt für uns befremdlich: Gerettet und erlöst werden wir nicht durch die Macht der Mächtigen, sondern durch die Teilnahme Gottes an unserer Ohnmacht und an unserem Leiden. Damit wird die Ohnmacht nicht verherrlicht. Hier ist auch nicht von einer schlappen Unfähigkeit die Rede, sondern von Gottes abgründig unerschöpflicher Liebeskraft. Sie tut den ersten Schritt. Die Liebe, die mit dem Geliebten eins wird, ist die Erlösung.

Mitleidenschaft

Wir leben in einer strukturell apathischen Gesellschaft. Leidenssituationen werden nach Möglichkeit abgespalten und nur in Therapieräumen behandelt. Nicht zuletzt wir Priester sind in Gefahr, bloß zu funktionieren und die Bodenhaftung zu verlieren, beziehungslos zu sein und bestenfalls über Erbarmen, Schwäche und Mitfühlen zu predigen, ohne dass wir sie selbst erfahren und mit anderen darüber sprechen.

Genau darauf aber legt der Hebräerbrief größten Wert: auf Einfühlung, auf Mitleidenschaft, auf emotionales Dabeisein. Da ist kein Priester abstrakt verstandener Macht und Vollmacht gefragt, kein Herrschertyp im üblichen Sinn, kein großer Vorsitzender und Machthaber. Das Gütezeichen ist seine »Schwachheit«, sein gelebter Gehorsam. In einer betriebsam sich und andere verwaltenden Kirche gilt es, diese christozentrische Gegenkultur, diese Zivilisation des Erbarmens zu bezeugen, nicht in der Haltung derer, die etwas fertig im Kasten haben, sondern mit geistlicher Einfühlungskraft, in stellvertretender Mitleidensfähigkeit. Unser Platz ist an der Seite der Müden und Abgeschlafften, der Versuchten und Gefährdeten.

Was ist das zentrale Bild unseres priesterlichen Selbstverständnisses? Bringen wir etwas, was wir »haben«, anderen bei, so dass wir uns auf pastorale Methoden und Strukturdebatten beschränken können? Oder sprechen wir selbst als Betroffene, wie solche, die versucht werden und in Bedrängnis geraten. Wird es in unserer Gegenwart »wärmer«, oder bleibt es kalt, erbarmungsvoller und vergebungsbereiter, oder ist es bei uns genauso so cool und bloß behandelnd wie üblich? Handeln wir aus Erbarmen, mitleidend in der Spur unseres Vorläufers Jesus Christus? Wir sind doch keine kirchlichen Handelsvertreter, die kultisch oder strukturell oder wie auch immer funktionieren, wir sind Zeugen Gottes, der selbst eine Schwäche für die Menschen hat, vor allem für die Schwachen, für alle, die in Not geraten sind.

Nichts kann verwandelt werden, was nicht angenommen ist. Das wird in Jesus deutlich. Nichts kann geheilt werden, nichts kann erlöst werden, was nicht angenommen wird. Können wir unsere Schwäche, die Misere unserer derzeitigen Kirche uns offen eingestehen? Nur dann kann sie verwandelt werden. Dann zeigt sich auf einmal, worin unsere Stärke liegt. Vielleicht ist das, was sich heute so stark gibt, doch gar nicht so stark, vielleicht ist die Schwäche der vermeintlich Schwachen gar nicht so schwach. »Wenn ich schwach bin, bin ich stark.«

Was ist heute die Aufgabe des Priesters? In der Situation von Schwäche und Bedrängnis in der Haltung des Erbarmens, des Mitleidens und der Mitleidenschaft voranzugehen und auf der Spur des »Vorläufers für uns« sich in dem festzumachen, was wir noch nicht sehen und doch fest erhoffen (11,1).

Für wen gehst du?

Schrifttext: Joh 3,30 – Predigt bei der Priesterweihe 2000

Am Geburtstag Johannes' des Täufers heute erreicht die Sonne ihren Höchststand. Von nun an nimmt sie ab; die Tage werden kürzer und die Nächte länger. Die Geburt Christi steht demgegenüber ganz im Zeichen der steigenden Sonne. Vom 25. Dezember an werden die Tage länger und die Nächte kürzer. Die Sonnenwende ist zum Gleichnis geworden: »Er (Christus) muss wachsen, ich (Johannes) aber muss kleiner werden.«

Er muss wachsen

Einen Augenblick könnten wir versucht sein zu denken, dieses Grundgesetz des Glaubens sei uns mit dem Rhythmus des Jahres in Fleisch und Blut eingegangen. Weit gefehlt! Es ist und bleibt *die* Herausforderung, solange wir leben. Sie geht an die Existenz, wie bei Johannes. Die Evangelien wissen davon zu erzählen. Sie verschweigen nicht, wie konfliktgeladen und schmerzlich das damals gewesen ist. Johannes tauft auf der anderen Seite des Jordan. Er schaut – wie Mose vom Nebo – hinüber ins Gelobte Land. Er hat Jünger um sich gesammelt und sie mühsam herangebildet. Und nun muss er sie über den Fluss weg an Jesus abgeben: »Ich bin nicht der Messias«, sagt er, »sondern nur ein Gesandter, der ihm vorausgeht.«

Wenn wir uns als Priester in den Täufer hineinversetzen und unseren Dienst von ihm her zu verstehen versuchen, dann heißt das doch: Wir sind nicht das Ziel. Wir dürfen die Leute um Gottes willen nicht an uns binden. Da sind sie bald am Ende, und wir auch. Wir sind's nicht, von denen das Heil zu erwarten ist. »Ich bin nicht der Messias.«

Wer sind wir denn? Wie der Finger, der von sich selbst wegzeigt. Sie kennen die Darstellung Johannes' des Täufers auf dem Isenheimer Altar. Die ganze Kraft dieser Gestalt sammelt sich in dem übergroßen Zeigefinger. Johannes ist ein einziger Hinweis auf den Messias. »Er muss wachsen.«

Den ausgestreckten Finger versteht man nur, wenn man den Bezugspunkt mit im Auge hat. Was bliebe denn vom Priester ohne Christus? Eine lächerliche Figur, die orientierungslos in der Luft hängt. Wir können uns gar nicht von uns selbst aus ohne ihn verstehen und legitimieren. Wir sind das, was wir durch Christus sind, nicht mehr und nicht weniger. Das ist die Wahrheit über unsere Existenz. Sie werden eingeweiht in Jesus Christus. Das Sakrament der Priesterweihe ist Zeichen seiner bleibenden Initiative vor allem menschlichen Handeln und trotz aller menschlichen Schwäche.

»Er muss wachsen ...« – Nicht nur allgemein in der Welt, sondern zuallererst in uns selbst. Da will er Raum gewinnen. Es steckt doch etwas von ihm in uns, etwas von seinem Wort und seinem Verhalten, etwas von seinem Geist, etwas, das uns sagen lässt: »Ohne ihn könnte ich mir das Leben nicht vorstellen.« Das will wachsen, er will wachsen. Gleich werden Sie gefragt: »Seid ihr bereit, euch Christus von Tag zu Tag enger zu verbinden?« Das ist das Geheimnis Ihres Priesterseins.

An Jesus abgeben

»Er muss wachsen, ich aber muss kleiner werden.« Soll das unsere Lebensperspektive sein? Da müssen doch alle Warnsignale aufleuchten. Wird hier nicht der eigene Lebensentwurf durchgestrichen? Wo bleiben Selbstbestimmung und Selbstverwirklichung? Sind wir nur eine Kopie, oder ein Original?

Gerade weil wir auf Christus setzen und uns ihm verdanken, wissen wir uns ermutigt, unsere Möglichkeiten zur Entfaltung zu bringen und unser eigenes sterbliches Leben in Freiheit zu verwirklichen. Wer geduckte, verkrümmte und verängstigte Menschen klein halten will, ist bei Jesus völlig fehl am Platze. Selbstlos kann nur jemand sein, der ein Selbst hat, das er geben kann. Johannes der Täufer ist alles andere als ein Schwächling. Gerade weil er ein so kraftvoller und starker Mensch ist, kann er seine Jünger abgeben: Geht über den Jordan zu Jesus. Er ist der Messias.

Wer bei sich selbst stehen bleibt, kommt nicht weit. Er wird provinziell und kleinkariert. Aufregend und spannend wird das Leben erst dann, wenn wir uns herausrufen lassen über die eigenen Grenzen hinaus, wenn wir über den eigenen Schatten springen, wenn wir über uns selbst hinauswachsen. »Er muss wachsen …« Wir können nichts Besseres tun, als dass wir wie der Täufer die Menschen, die uns aufgegeben sind, an Jesus abgeben, damit sie sich auf ihn einlassen, mehr seine Freunde als unsere Freunde sind und an ihm ihre Identität ausbilden. Das entscheidet über unsere Glaubwürdigkeit und über die Reinheit unserer Motive. Es entlastet uns zudem von der Wahnvorstellung, dass Entscheidende selbst tun zu können oder zu müssen.

Oft höre ich von pastoralen Mitarbeiterinnen und Mitarbeitern: Wir begleiten die Kranken, und wenn es soweit ist, kommt der Priester. Wir haben die Last, Kinder und Jugendliche auf die Sakramente vorzubereiten, und dann steht der Pfarrer im Mittelpunkt des Geschehens. Er feiert mit allen und glänzt auf den Fotos. Bei ihm bedanken sich die Leute, wir werden um die Frucht unserer Arbeit betrogen.

Wir Priester sagen darauf sehr schnell: Ihr habt ein falsches Berufsverständnis. Vielleicht. Aber man kann auch umgekehrt fragen: Erwecken wir den Eindruck, die Sakramente seien unsere Domäne? Wir halten uns schließlich zugute, dass sie uns niemand streitig machen kann. Da sind und bleiben wir unentbehrlich. – Merkt man uns noch an, dass wir die Menschen wie Johannes an Christus abgeben? Oder behalten wir sie für uns und sind längst stillschweigend darin übereingekommen: Das machen wir schon! Wir können noch so viel Arbeit ins Rollenverständnis und in Satzungen investieren – wenn wir an diesem Punkt nicht lauter sind, sondern in die eigene Tasche wirtschaften, verfehlen wir unseren Auftrag, ob Laie oder Priester. Dann streiten wir uns am Ende um die Futterplätze, statt dass wir gemeinsam die Menschen zu Christus führen.

Ein Wächter – zur Erinnerung

Martin Buber hat uns diese chassidische Geschichte überliefert: In Ropschitz, Rabbi Naftalis Stadt, pflegten die Wohlhabenden, deren Häuser einsam oder am Ende des Ortes lagen, Leute zu dingen, die nachts über ihren Besitz wachen sollten. Als Rabbi Naftali sich eines Abends spät am Rande des Waldes erging, der die Stadt säumte, begegnete er solch einem auf und ab gehenden Wächter. »Für wen gehst du?« fragte er ihn. Der gab Bescheid, fügte aber die Gegenfrage daran: »Und für wen geht ihr, Rabbi?« Das Wort traf den Zaddik wie ein Pfeil. »Noch gehe ich für niemand«, brachte er mühsam hervor, dann schritt er lange schweigend neben dem Mann auf und ab. »Willst du mein Diener werden?« fragte er endlich. »Das will ich gern«, antwortete jener, »aber was habe ich zu tun?« »Mich zu erinnern«, sagte Rabbi Naftali.

Man kann jahrelang seinen Dienst tun, und auf einmal bricht die Frage auf: Für wen machst du das überhaupt? Gehst du nur für dich selbst? Verwalten wir nur ein bestimmtes religiöses Kulturerbe? Sind wir allein darauf bedacht, dass alles reibungslos klappt? Das allein kann's doch nicht sein. »Für wen gehst du?« Können die Menschen, die uns begegnen, spüren, für wen wir gehen? Die Frage auf die Zukunft des Glaubens hin ist nicht die, wie wir eine bestimmte Kirchenstruktur retten. Worauf's ankommt, ist allein dies: Christus muss wachsen. Für ihn gehen wir. Und es ist gut, einen Wächter zu haben, der uns daran erinnert.

Vorläufer

Schrifttext: Joh 1,19-28 –
Predigt zu einem Silbernen Priesterjubiläum 1990

Kennen wir uns eigentlich selbst? Wissen wir, wer wir sind? Manchmal wachen wir auf, aus tiefem Schlaf, und haben alle Mühe, uns zurechtzufinden: Wo bin ich eigentlich? Eine wichtige Frage. Hier geht's um mehr. Hier heißt es nicht: Wo bin ich?, auch nicht: Was bin ich?, sondern: Wer bin ich? Diese Frage geht uns nach, ein Leben lang. Sie holt uns auch nach fünfundzwanzig Jahren neu ein, an einem Tag wie heute. Sie berührt uns nicht am Rande, sie geht an die Substanz – unseres Lebens und des Evangeliums. Diese Lebensfrage steht mitten im Evangelium heute. In vier Versen werden sechs Fragen gestellt, bohrende Fragen, fast inquisitorisch, wie wenn jemand vorgeführt wird: »Wer bist du?« (19). »Was sagst du von dir selbst?« (22). Heraus mit der Sprache! Die Reaktion?

Er hält sich nicht heraus

Vielleicht denken Sie: Das ist eine Zumutung! Das ist doch eine ganz persönliche Frage: »Wer bist du?« Das geht niemanden etwas an, das fällt unter Datenschutz.

Johannes reagiert anders: »Er bekannte und leugnete nicht« (19). Er hält sich nicht heraus. Er sagt nicht: Privatsache, hier ist mein Beruf, und da ist meine persönliche Existenz, die steht auf einem anderen Blatt. So ist das in unserer Gesellschaft heute. Da übt man Funktionen aus und hält sich selbst zurück. Aber als Zeuge kann ich mich nicht heraushalten und irgendwelche Rollen spielen. Es gibt Entscheidungen im Leben, die ich nicht zurückholen und zurücknehmen kann, für die ich mit meinem Leben bürge, nicht nur auf Probe. Da bin ich selbst gefragt in meinem Beruf, da geht es nicht um etwas, sondern um mich. Persönliche Existenz und Amt gehen ineinander. Da muss ich Farbe bekennen: »Er bekannte und leugnete nicht ...« – Was denn?

Er sagt nicht zu allem Ja und Amen

Johannes bringt die Sache auf den Punkt, ohne Wenn und Aber, für viele fremd, quer – wie ein Querdenker, wie einer, der Widerspruch und Einspruch erhebt. Niemand hat gern ein Nein als Antwort. Hier steht's gleich dreimal. Wie das dreimalige »Ich widersage« im Taufbekenntnis, so heißt es hier klipp und klar, ohne Wenn und Aber: Ich nicht! Man kann nicht zu allem Ja und Amen sagen, als Zeuge des Glaubens partout nicht.

Das Nein zieht Grenzen, so schmerzlich das für viele heute sein mag. Hier geht's nicht nach der Devise: Ich bin okay, du bist okay; und um in unserer pluralistischen Gesellschaft schiedlich-friedlich auskommen zu können, machen doch bitte auch die Religionen mit bei dem großen grauen Einerlei. Welcher Prophet, welcher Messias und Heiland auch immer – alle okay. – Nein! Nein! Und noch mal: Nein! Dreimal.

Er ist nicht der Heiland

Das geht freilich auch an die eigene (kirchliche) Adresse. Wer bist du, Kirche, Priester in der Kirche? Der Prophet, gar der Christus, der Heiland? Nein! Von uns ist das Heil nicht zu erwarten. Und wir haben mit aller Entschiedenheit der Versuchung zu widerstehen, dass wir uns wie ein Heiland aufspielen und wie halbe oder ganze Herrgötter gebärden, dass wir mehr sein wollen, als wir sind, über unsere Verhältnisse leben. Wer sind wir denn von uns aus? Allenfalls ein Möchte-gern-Prophet oder ein selbsternannter Messias. Die gibt's. Zum Lachen, wenn's nicht zum Weinen wäre. Wer sind wir denn?

Eine Stimme, die nicht verstummen darf

»Ich bin die Stimme, die in der Wüste ruft.« Wir können nichts Besseres tun, als von uns weg auf den Messias hinzuweisen. Nicht wir sind's, er ist der Heiland. Nicht von uns, von ihm ist das Heil zu erwarten.

Wir sind wie eine Stimme, die ankündigt, dass das endgültige Reich Gottes noch kommt, und zwar, wenn Er will, nicht wenn es uns gefällt.

Wir sind die Vorläufer, die immer nur neue Anläufe machen, mit menschlichen Worten und Zeichen Gott ahnen lassen. Es kommen als Boten Gottes nur Menschen mit ihren Menschlichkeiten und dem oft allzu Menschlichen. Und die Leute sagen dann: Schaut euch das nur an, die sind auch nicht besser ...

Da können Menschen die Geduld verlieren: Was wollt ihr denn in der Religion, in der Kirche? Wenn ihr doch nicht mehr bringt, dann packt doch ein. Gott ist in der Natur, im unendlichen All, in den Unendlichkeiten des eigenen Wesens, in der Politik, die die heile Welt schaffen will. Das alles ist ja versucht, mit allen Zusammenbrüchen, die wir in diesen Tagen erleben.

Was uns bleibt, ist dies, dass wir geduldig auf die Stimme in der Wüste hören, auch und gerade wenn sie bekennt: Ich bin es nicht. Es ist eben noch Advent. Die Kirche ist vorläufig, sie ist Vorläufer, nicht mehr. Bereitet Gott den Weg ...

Wer bist du? Das ist die Lebensfrage. Wir können sie letztlich nicht mit uns allein beantworten. Wer bei sich selbst stehen bleibt, kommt nicht weit. »Du wärest bald am Ende mit mir, wenn ich nicht eins wäre mit dem, der keine Grenzen hat« (Paul Claudel). Ihm dürfen wir unsere Stimme leihen. Diese Stimme darf nicht zum Schweigen kommen.

III. KIRCHE VOR ORT

Ich will euch Zukunft und Hoffnung geben

Schrifttext: Jer 29,11 – Predigt beim Kreuzfest 1991 in Montabaur

Ein großes Wort. Fast zu groß für uns. Oder? Wir können uns hier schnell in Begeisterung reden, Zukunft, Hoffnung, mit leuchtenden Augen und strahlenden Gesichtern. Mensch, wir haben Zukunft, uns gehört die Zukunft. Hoffnungsträger – das ist was. Endlich Schluss mit dem »no future«, mit dem Jammern und Klagen, endlich mal so richtig positiv.

Wohin?

Aber wo ist die Zukunft, was hat Zukunft? Wer sind die Hoffnungsträger? Ich wurde bei dem Wort an eine alte Geschichte aus der indischen Weisheit erinnert: Ein Reiter jagt im Galopp über die Straße; ein alter Bauer auf dem Feld sieht das und ruft ihm zu: »He, Reiter, wohin?« Der beugt sich über die Schulter und ruft zurück: »Frag nicht mich, frag das Pferd.« Ein gespenstisches Bild. Im rasenden Galopp, wer weiß wohin.

Wir rasen ja heute mit ganz anderen Pferdestärken durch die Welt. PS, Power – ist das die Zukunft? Fortschritt, Wachstum ... – In diesen Tagen hat der »Club of Rome« einen neuen Bericht veröffentlicht. Diese Vereinigung von Wissenschaftlern und Wirtschaftsexperten aus aller Welt hat schon Anfang der siebziger Jahre mit ihrem Bericht »Grenzen des Wachstums« großes Aufsehen erregt. Man hat dieses Gremium das »Gewissen der Menschheit« genannt. Grenzen des Wachstums. Heute stellen die Experten fest: Eigentlich hat sich in den letzten zwanzig Jahren nichts geändert. Im Gegenteil, es ist schlimmer geworden: unbegrenztes Wachstum. Wenn es so weiter geht, geht es bald nicht mehr so weiter, dann haben wir in absehbarer Zukunft keine Zukunft mehr: Ausbeutung der Natur, der Rohstoffe, Klimakatastrophe ... Die Wende 1989 in allen Ehren, aber die eigentliche Wende in der Menschheit muss noch geschehen.

Unser Hoffnungsträger

Haben Glaube und Kirche Zukunft? Haben sie in dieser entscheidenden Stunde der Entwicklung der Menschheit auf das nächste Jahrtausend hin Zukunftsweisendes zu sagen? Die religiöse Wende ist in der politischen Wende ausgeblieben; das ist die übereinstimmende Feststellung, auch im Osten. Die Kirchen werden leerer. Die Volkskirche bröckelt. Wo ist die Jugend? – Wer die Jugend hat, hat die Zukunft, sagen wir. Und wenn die Jugend uns wegläuft und die Kinder, dann läuft uns die Zukunft weg. Viele Eltern können davon ein Lied singen, was es heißt, wenn die Kinder von Glaube und Kirche weglaufen. Das tut weh, das kann einem das Herz zerreißen.

»Ich will euch Zukunft und Hoffnung geben« – ein Silberstreifen am Horizont? Blauer Himmel? Blau war der Himmel nicht, als der Prophet Jeremia im 29. Kapitel seinen Brief nach Babylon schrieb, zu den vertriebenen Juden dort, zu den Menschen im Exil. Sie ließen die Köpfe hängen und die Hände dazu. Geschlagene Leute! Und in dieser Stunde, in der das Gottesvolk am toten Punkt angekommen ist, ergeht dieses Wort, das der Prophet im Namen Gottes spricht: »Ich will euch Zukunft und Hoffnung geben.«

Oft werde ich gefragt: »Sind wir nicht bald überm Berg?« Es wird nicht einfacher in und mit der Kirche. Manchmal ist es so, dass wir an einen toten Punkt gekommen sind. Toter Punkt, das sagt man so leicht. Wer den erlebt in seinem Leben, der weiß, was das heißt. – Es tut weh, wenn man sieht, wie Traditionen sterben, wenn man Hoffnungen, die einem ganz wichtig gewesen sind, begraben muss. An diesem toten Punkt trifft uns das Wort des Propheten. Gott spricht nicht etwa nur aus dem Licht, aus dem strahlenden blauen Himmel zu uns, sondern vom toten Punkt her, so wahr sein Sohn Jesus Christus diesen toten Punkt durchlitten hat. Jesus war keine Strahlemann. Der Kreuzträger ist unser Hoffnungsträger.

Er hat diesen toten Punkt durchlitten, gehorsam bis zum Tod am Kreuz. Darum hat ihn Gott erhöht. Darum feiern wir das Fest Kreuzerhöhung. Wer Ostern sagt, muss das Kreuz anschauen. Durch den toten Punkt, durch den Kreuzpunkt geschieht die Wende. Sie bringt die Zukunft, sie lässt hoffen. Er, der sein Leben gab, gewinnt es neu. Das ist Zukunft, das hat Zukunft, so wahr die Auferstehung Zukunft hat. Sie lässt hoffen.

»Ich will euch Zukunft und Hoffnung geben«. Das ist nicht ein eigenmächtiges Wort von uns. »Wir machen die Zukunft in der Kirche, wir stellen die Möbel gerade in der Kirche«, haben wir nach dem Konzil nicht selten gedacht, mit allem, was wir ins Werk gesetzt haben. Und dann kommen wir an den toten Punkt – und hören vielleicht neu, wie die Vertriebenen in Babylon: »So wahr ich lebe, spricht der Herr. Ich will euch Zukunft und Hoffnung geben.« Wir machen die Zukunft nicht selber, auch nicht in der Kirche. Von diesem Hoffnungswort her, durch den toten Punkt hindurch, kommen dann Punkte, die sich aneinander reihen, wie hier nebenan auf der langen »Straße der Hoffnung«. Ein Hoffnungspunkt neben dem anderen, auf der Straße der Hoffnungszeichen.

Hoffnungszeichen

Einige von diesen Hoffnungszeichen möchte ich ausdrücklich nennen: Ich denke an die Frauen und Männer in den Gemeinden, in den synodalen Gremien, als Katechetinnen und Katecheten; die setzen nicht nur etwas ein, die setzen sich ein. Sie haben verstanden: Kirche, das sind nicht allein der Papst, die Bischöfe, Pfarrer und pastorale Mitarbeiterinnen und Mitarbeiter, wir sind Kirche. Und wir werden am Ende nicht gefragt, was der Papst oder die Bischöfe zu dieser oder jener Sache gesagt haben, sondern wie wir selber das Evangelium gelebt haben. Hoffnungszeichen, die den toten Punkt überwinden in der Kraft des Glaubens.

Kinder, behinderte Kinder, sind Hoffnungszeichen. Jede Frau, die Ja sagt zum Kind, ist eine Hoffnungsträgerin. »Sie ist guter Hoffnung«, sagte man früher von Frauen, die ein Kind erwarten. Hoffnungsträgerinnen – auch die Alleinstehenden. Frauen, die Ja sagen zum Leben, für die Emanzipation nicht heißt, sie seien Herrinnen über Leben und Tod.

Da sind die vielen kleinen Gruppen, die sich oft in unseren Gemeinden schwer tun: Eine Welt, konziliarer Prozess für Gerechtigkeit und Frieden und Bewahrung der Schöpfung. Sie haben es in sich, die großen Weltaufgaben. Und dann sieht man die kleine Schar und denkt: Was bringen wir denn zustande? Da kommt man an den toten Punkt. Und dann werden die kleinen Gruppen in den Gemeinden auch noch in eine bestimmte Ecke gestellt: »Spinner, Linke, die wollen die Welt verändern.« Hier an dieser Stelle den toten Punkt zu überwinden, das bringt Hoffnung für die Eine Welt. Die Afrikaner sagen: »Viele kleine Leute an vielen kleinen Orten, die viele kleine Schritte tun, werden die Welt verändern.«

Hoffnung heißt, den nächsten Schritt tun, durch den toten Punkt hindurch, auf Gottes Wort hin. Das hat Zukunft. Die Herren der Welt gehen, das haben wir in den letzten Jahren gemerkt. Unser Herr kommt. Er kommt auf uns zu. Durch den toten Punkt, den er durchlitten hat, kommt er auf uns zu. Er ist unsere Zukunft, der Kreuzträger – unser Hoffnungsträger.

Elija – mein Gott ist Jahwe

Schrifttext: 1 Kön 9,3-13 – Predigt beim Kreuzfest 1993 in Usingen

Jahwe allein

Der Name ist Programm. Elija – das heißt zu deutsch: Mein Gott ist Jahwe. Er allein ist Gott. Das ist Elijas Lebensprogramm. Dafür ist er unerschrocken und leidenschaftlich eingetreten, oft genug allein gegen alle: »Ich allein bin übriggeblieben, und nun trachten sie auch mir nach dem Leben« (19,10).

Das Volk denkt, nichts gegen Jahwe – aber er allein? Man will's mit ihm nicht verderben (der offizielle Gottesdienst läuft weiter), aber andere Götter sind doch auch nicht zu verachten, mal nehmen wir den, mal den. Wir kennen das: Ein bisschen Christentum, ein bisschen Esoterik, ein bisschen fernöstliche Meditation. Man mischt sich sein religiöses Menü selbst zurecht.

Baal steht dabei allemal hoch im Kurs. Er steht für Fruchtbarkeit. Heute sagen wir: Fortschritt, Wachstum, Potenz, Power, knallhart und eiskalt. Wachstum auf Teufel komm heraus. Und dann kommt der Teufel auf einmal heraus, zeigt sein wahres Gesicht in der Zerstörung der Schöpfung und des Menschen. Die Umweltkrise ist eine Krise des Menschen, der vergessen hat, wem er die Schöpfung verdankt. Sie ist im letzten eine Gotteskrise. Es ist ein Riesenunterschied, ob ich mich von Gott her Mensch und Welt zuwende, oder ob ich das auf eigene Faust tue.

»Wie lange noch schwankt ihr nach zwei Seiten?«, ruft Elija dem Volk zu (18,21). Man kann doch nicht zu allem Ja und Amen sagen. Unterscheidung tut not und Entschiedenheit. Dies ist uns Christen allemal buchstäblich ins Stammbuch geschrieben, bei der Taufe! Da geht es um Pro und

Kontra, um Ja oder Nein. Wozu stehe ich, in guten und in bösen Tagen? Was ist mir im Leben und auch fürs Sterben wichtig? Nur wenn ich weiß, wo ich stehe, kann ich auch widerstehen und widersagen, Widerstand leisten. Dazu brauche ich einen Standpunkt.

Jahwe allein ist Gott! Das ist wie beim Magnet: Die Eisenspäne sind auf den Magnetkern ausgerichtet. Gott ist dieser Magnet in der Kirche. Er ist anziehend. Das sind doch nicht wir. Das ist doch nicht die Kirche mit ihren Strukturen. Eine Kirche, in der dieser Magnet nicht mehr zu spüren ist, erübrigt sich. Merkt man das in unserem Leben? Vor wem gehen wir in die Knie? Was ist uns heilig? Das eigentliche Problem in unserer Situation ist nicht die Kirchenkrise, sondern die Gotteskrise. Sie ist der Grund der Kirchenkrise.

Des Lebens und Gottes müde

Jahwe allein ist Gott. Elija hatte alles auf eine Karte gesetzt. Er wollte die Bosheit im Volk mit Stumpf und Stiel ausrotten, bis zum grausamen Triumph über die Baalspriester. Und er muss erkennen, dass sich im Grunde nichts ändert. Isebel bleibt an der Macht, und mit ihr ihre Götzen. Elija versteht das nicht mehr. Der ganze Einsatz für Gott und für das Volk – alles umsonst.

Ist uns diese Erfahrung fremd? Viele können davon erzählen. Man setzt sich ein für Gottes Gebet, für mehr Gerechtigkeit in der Welt, und es bewegt sich kaum etwas. Alles umsonst?

Elija flieht in die Wüste. »Es ist genug ...« (19,5). Es reicht! Er hat's satt mit seinem Auftrag, mit Gott und mit sich selbst. Schlafen – und am besten nie wieder aufwachen. Er ist unendlich müde, lebensmüde, mehr noch: Er ist Gottes müde. Er fühlt sich von ihm im Stich gelassen. Ob es sich überhaupt lohnt, mit Gott zu rechnen? Ob man sich nicht etwas vormacht, wenn man ihm vertraut?

»Steh auf und iss«

Wer so am Boden liegt, kommt nicht von selbst wieder auf die Beine. Gott rührt ihn an, durch seinen »rettenden Engel«. Dort, wo nichts zu holen ist, mitten in der Wüste – Brot und Wasser. »Steh auf und iss! Sonst ist der Weg zu weit für dich!« (19,7).

Mensch, du bist ein Engel! Das können wir füreinander sein. Gott möchte uns dazu gewinnen. »Steh auf und iss!« Das ist Kraft für den Weg durch die Wüste, vierzig Tage und vierzig Nächte.

Und am Ende dieser langen Wüstenwanderung offenbart sich Jahwe am Gottesberg dem Propheten neu. Er zeigt sich von einer ganz anderen Seite. Er schlägt nicht drein mit Macht und Gewalt, kommt nicht in Sturm, Erdbeben oder Feuer. Er greift nicht gewaltsam ein, um zu ändern, was uns resignieren und verzweifeln lässt. Er offenbart sich als »Stimme einer zarten Stille« (19,2), so wie nur Liebe und Treue sein können. Im scheinbar Unscheinbaren ist Gott da. In dieser Gewissheit wird Elija zurückgesandt, den ganzen Weg vom Gottesberg zurück in seinen Alltag. Dort muss sich zeigen, wer Gott ist.

»Steh auf und iss! Sonst ist der Weg zu weit für dich!« Das ist uns noch in einem neuen Sinne gesagt. In der Nacht, in der Jesus verraten wurde und fast verzweifelt wäre, in dieser Nacht nahm er das Brot, brach es und gab es seinen Jüngern: Das ist mein Leib für euch, so bin ich für euch da! Er ist uns geschenkt, jetzt hier in der Eucharistie. Er ist das Weizenkorn, das in die Erde fällt und stirbt und so Frucht bringt. »Steh auf und iss!«

Kreuzträger – Hoffnungsträger

Predigt beim Kreuzfest 1995 in Limburg

Das Kreuz ist in die Schlagzeilen gekommen. Gehört es in die öffentlichen Schulen oder nicht? Entscheidender ist die Frage: Wie steht das bei mir mit dem Kreuz? »Können Sie jemandem erklären, weshalb Sie ein Kreuz in Ihrem Zimmer hängen haben?«, fragte mich ein junger Mann. Da geht's nicht allgemein um das Kreuz in der Schule, sondern um »mein« Kreuz, um mein Leben, um das, was mich im Leben trägt. So persönlich möchte ich die Frage beantworten.

Inbegriff der Versöhnung

Warum hängt das Kreuz in meinem Zimmer? Die erste Antwort steht hier sichtbar vor uns: der Hoffnungsbaum! Wir erinnern uns an die Geschichte, die der Jugendpfarrer soeben erzählt hat: der Gescheiterte, der

Straffällige, der verlorene Sohn! Wäre der Baum nicht da gestanden mit den weißen Hoffnungsbändern, dann wäre er nicht nach Hause gekommen, sondern weitergefahren, irgendwohin; wie dieser Mann aus einer anderen Baum-Geschichte: »Es war einmal ein Mann, den ängstigte der Anblick seines eigenen Schattens so sehr, dass er beschloss, ihn hinter sich zu lassen. Er sagte sich: Ich laufe ihm einfach davon. Er stand auf und lief davon. Aber der Schatten folgte ihm mühelos. Er sagte zu sich: Ich muss schneller laufen. Also lief er schneller und schneller, lief solange, bis er tot zu Boden sank.«

Flucht vor dem Schatten. Das kennen wir doch, wenn wir uns selbst kennen. Weg von der Schattenseite, den dunklen Punkten, den verpfuschten Lebensentscheidungen; ja nichts mehr davon hören und sehen, ja nicht mehr davon reden. Man kann dem Schatten nicht entkommen.

Es gibt einen anderen Weg: »Wäre der Mann in den Schatten eines Baumes getreten, so wäre er seinen eigenen Schatten losgeworden. Aber darauf kam er nicht.« – Wer immer ich bin und wie immer ich belastet und beladen bin mit dem ganzen unerledigten Wust meines Lebens, mit dem Schuldigwerden gegenüber anderen, mit dem Versagen – ich darf in den bergenden Schatten dieses Hoffnungsbaumes treten, in den Schatten des Kreuzes. Ich muss die Schuld nicht anderen zuschieben. Ich kann dazu stehen, aufrecht, befreit. Das ist Hoffnung, die trägt, auch im Scheitern. Der Gekreuzigte ist der Inbegriff der Versöhnung. Der Kreuzträger ist unser Hoffnungsträger. Das Kreuz ist Zeichen der Vergebung, Zeichen der Hoffnung, die mich trägt.

Gottes Nähe im Leiden

Warum hängt das Kreuz in meinem Zimmer? Die zweite Antwort: Das Kreuz sagt mir: Gott ist mir auch im Leiden nahe, und er ist den Leidenden nahe.

Viele denken: Das Leid ist ein Zeichen der Abwesenheit Gottes. Gott hat mich verlassen. Nein, er lässt mich nicht allein, auch nicht im ungelöstesten und unlösbarsten aller menschlichen Probleme, im Leiden. Er hat keine Theorie darüber entworfen, er leidet mit. Am christlichen Glauben überzeugt mich vor allem dies: Der Gott, an den wir glauben, geht an den offenen Wunden nicht vorbei, er trägt sie selbst, und er hat die Kraft, sie zu verwandeln. Das Zeichen des Glaubens ist nicht der strahlende

Held mit dem Lorbeerkranz, sondern der gekreuzigte Gottessohn mit der Dornenkrone. Seine Wunden und der schreckliche Tod werden nicht verleugnet, sondern öffentlich vorgezeigt als Sinnbild seiner schöpferischen Lebenshingabe.

Das Kreuz steht dort, wo Menschen über Leichen gehen und andere kaputt machen oder erledigen, wo unsere Lebenspläne durchkreuzt werden, wo das Bild vom guten Vater im Himmel verdunkelt wird und wir fragen: Warum, Gott? Warum ich, warum er, warum sie, warum jetzt? Warum, o Gott, warum? Da, wo es einem das Herz zerreißt, wo es zum Heulen ist, dort steht das Kreuz, mitten in der Lebensrealität. Nicht als ein frommer Gebrauchsartikel, sondern als ein Stück unseres Lebens. Wo immer ich ein Kruzifix sehe, höre ich diesen Schrei nach Gott, und ich spüre, dass Christus Gottes Nähe in die Abgründe der Gottverlassenheit gebracht hat.

Oft wird das Leben halbiert. Wir sind gefangen von der Sonnenseite, und vor der Schattenseite machen wir die Augen zu. Die christliche Hoffnung ist auf das ganze menschliche Leben ausgerichtet. Hier wird nichts verdeckt oder verdrängt, sondern das Leben wird angenommen, wie es ist: Freude und Leid, Geglücktes und Misslungenes, Erfolg und Scheitern, Leben und Sterben. Das Christentum zeichnet sich dadurch aus, dass es den Tod nicht verdrängt, sondern sich mutig damit auseinandersetzt. Christen setzen ihr Vertrauen auf jenen Sohn Gottes, der durch seinen Tod die Welt erlöst hat. Und auch das ist zu sagen: Unser Gott steht auf der Seite der Opfer, der Zu-kurz-Gekommenen, der Schwachen und Armen.

Das Kreuz sagt mir: Gott ist mir auch im Leiden nahe, und er ist den Leidenden nahe. Hoffnung, die trägt. Der Kreuzträger ist unser Hoffnungsträger auch in den schwierigen Situationen der Kirche.

Das Leben gewinnen

»Wer sein Leben retten will, der wird es verlieren; wer aber sein Leben verliert um meinetwillen, der wird es gewinnen« (Mt 16,25). – Wir wollen etwas haben vom Leben, wir wollen immer mehr haben vom Leben. Das Haben-Wollen und das Festhalten ist eine Grundtendenz in uns, die haben wir in den letzten Jahrzehnten kräftig entwickelt. Im Haben- und Behaltenwollen sind wir Meister. Das bringen wir uns wie selbstverständlich bei, ohne Kurse und Seminare. Hast du was, dann bist du was ... Aber wer nur das ist, was er hat?! Haben ist nicht Sein. Das Leben ist so nicht zu gewinnen. Reichtum und Leere liegen dicht beieinander. »Wer sein Leben retten will, wird es verlieren.« Die Illusion, sich das Leben selbst verschaffen zu können, verkennt die eigene Realität, ist Raubbau am Leben und endet im Tod.

Nur der gewinnt das Leben, der die Hingabe des Lebens wagt. Es gibt Grunderfahrungen, die uns eine Ahnung von der Wahrheit dieses Wortes vermitteln. Wir können nur leben, wenn wir den Atem nicht festhalten, sondern ihn lassen. Wenn wir einatmen und den Atem festhalten wollen, bekommen wir einen roten Kopf und fallen um. Wir müssen den Atem ausströmen lassen, bis dahin, dass wir das Leben ausatmen ... Eine Grundgebärde des ganzen Lebens. Nur so können wir das Leben neu empfangen. Wenn wir uns hineingeben in die Gebärde des Ausatmens, dann kann neues Leben werden. Wenn wir geben, teilen (unser Leben teilen, den Besitz teilen), dann verlieren wir nicht, wir gewinnen.

Wer garantiert uns das? Wir können das Leben lassen im Vertrauen darauf, dass es bei Gott ankommt. Er nimmt diese Gebärde auf, in der wir uns verströmen bis zum letzten Atemzug. Er tut das im Namen Jesu Christi. Der hat sein Leben verströmt bis zum Tod am Kreuz. Dieses Leben hat Gott angenommen, dem hat er in der Auferweckung Recht gegeben. In dem Maße, wie wir es wagen, aus uns selbst herauszugehen und uns zu verschenken, lassen wir jetzt schon den Tod hinter uns. – Das sagt mir das Kreuz. Eine Hoffnung, die trägt! Das Leben selbst retten wollen, das ist hoffnungslos, das endet im Tod. Leben verschenken, das hat Zukunft, im Zeichen des Kreuzes.

Der Kreuzträger ist der Hoffnungsträger der Welt. Ich trage das Zeichen der Hoffnung, die mich trägt.

Leben mit Profil

Predigt beim Kreuzfest 1996 in Nassau

Damit wir nicht ins Schleudern kommen

Können Sie sich einen Scherenschnitt vorstellen? Den haben Sie sicher schon einmal gesehen. Dann wissen Sie, was Profil heißt. Eine Linie nur markiert den Umriss, und doch sieht man sofort: Der ist es, es geht um die ... – Jeder Mensch hat sein eigenes Profil, unverwechselbar. Ob er es lebt und zu erkennen gibt? Wenn jemand Profil hat, dann sind die Grenzen klar, scharf konturiert, auch mit Ecken und Kanten, eben nicht verwaschen, schwammig, verschwommen. Es ist wie im Evangelium: Das Ja ist ein Ja, das Nein ein Nein. Da weiß man, wo man dran ist, da kann man sich drauf verlassen. Wir kennen das alle vom Autoreifen: Je tiefer das Profil, desto größer der Reibungswiderstand. Das zeigt sich gerade bei schlechtem Wetter: Die Räder drehen sich nicht auf der Stelle, rutschen nicht weg. Wenn die Reifen alt sind und abgefahren, kommt man schnell ins Schleudern. Ein gutes Profil haftet, gibt Halt. Und es prägt sich ein in den Boden, es hinterlässt Spuren.

Leben mit Profil! Aalglatte Typen gibt's genug. Entsprechende Lebensmuster sind von der Stange zu haben, in Hülle und Fülle – ganz im Trend der Zeit, stromlinienförmig. Aber gerade in kritischen Situationen rutschen sie weg. – Christen leben mit Profil, mit einem ganz bestimmten Profil. Das verdanken sie Jesus Christus. Mancher denkt: Das ist im Laufe der Jahrhunderte oder im Laufe des Lebens erheblich abgenutzt. Dann braucht es dringend eine Vertiefung – sonst kommen wir ins Schleudern. Nichts ist dafür so sehr geeignet wie das Kreuz mit seinen kantigen Balken. Es ist soeben hier unter uns aufgerichtet, und es ist daran geheftet, was es uns zu sagen hat.

Die Schöpfung bewahren

»In ihm (Jesus Christus) wurde alles erschaffen.« Mit anderen Worten: Die Schöpfung kommt von Gott, wir dürfen sie nicht zum Teufel gehen lassen. Die Gefahr ist riesengroß. Statt dass wir sie bewahren, spielen wir uns wie Herrgötter darin auf und beuten sie aus nach Strich und Faden, eben auf Teufel komm heraus. Wir gehen mit ihr um, als wenn es noch eine zweite gäbe. Wir leben nach dem Motto: Jetzt haben, jetzt verbrauchen, später zahlen. Unsere Preise verschweigen die ökologische Wahrheit. Das kann nicht gut gehen, das endet schließlich im Konkurs. Wir hinterlassen der Nachwelt eine Hypothek, die sie nicht abtragen kann. Wenn es so weitergeht, dann geht es bald nicht mehr so weiter.

Die einschlägigen Fakten sind kaum noch umstritten. An politischen Absichtserklärungen fehlt es nicht, auch nicht an Ratschlägen. Die Frage ist: Wer setzt sie um? Wie halten wir es damit, als Christen, als Kirche? Leben mit Profil, mit christlichem Profil. Das schneidet ein, in die Tiefe.

An der Seite der Schwachen

Sie haben es wahrscheinlich in den vergangenen Tagen in der Zeitung gelesen: Die Zahl der Millionäre ist in Deutschland rasant gestiegen. Aber auch die Zahl der Arbeitslosen und Sozialhilfeempfänger hält eine traurige Rekordhöhe. Da stimmt doch etwas nicht. Die Armen werden immer ärmer und die Reichen immer reicher. Früher haben wir mit diesem Satz die Situation der Länder des Südens gegenüber den Industrieländern gekennzeichnet. Inzwischen trifft er auch auf unser Land zu.

Wissen wir bei allen Standortdebatten überhaupt noch, wo in dieser Sache unser christlicher Standort da ist? Der ist jedenfalls nicht national gebunden. Wo anders ist er als hier beim Kreuz, neben Christus. Da, wo es um die Würde der Schwachen geht; da, wo die Armen um ihr Menschenrecht betrogen werden, auch in unserem Land. Der Sozialstaat darf doch kein beliebig zu verschlankendes Anhängsel der Wirtschaft werden. – Das Kreuz reicht nach unten, in die Tiefe, zu denen, die am Boden liegen. Das ist der Tiefgang, der dem christlichen Glauben Profil gibt. Leben mit Profil!

Ein Gott, der in die Quere kommt

Profil – ja! Und nun die Gretchenfrage für uns, für die Kirche: Was ist uns heilig, so heilig, dass wir es uns in dem ganzen Stimmengewirr heute nicht ausreden lassen. Der Glaube? Der Glaube an Gott? An welchen Gott? An einen Gott, der zu uns passt und der uns passt? Der passende Gott ist allemal durch das Kreuz als Götze entlarvt. Nein, wir haben mit einem Gott zu rechnen, der uns oft gar nicht passt, der uns quer kommt, der uns nicht einfach nur ein Innewerden unserer Selbst vergönnt, ohne jedes Erschrecken, der uns nicht nur jubeln, sondern auch schreien und schließlich schweigen lässt. Dieser Gott kann nicht wegreformiert werden, um das Christentum verträglicher zu machen. Wer die Gottesfurcht preisgibt, der wird durch Menschenangst überrollt.

Rechnen wir noch ernsthaft mit diesem Gott? Unser Gott – der passende Gott – ist weder zum Fürchten noch zum Verlieben. Fängt jemand damit an, wird er schnell in die fundamentalistische oder charismatische Ecke gestellt. So reden und erklären wir alles Mögliche, aber es kommt kaum noch durch, was wir der Welt schuldig sind, das vorbehaltlose Bekenntnis zu Gott. – Haben Sie sich schon einmal ernstlich gefragt: Was will Gott von mir? Spielt diese Frage in unseren Gruppen und Verbänden eine Rolle, im Pfarrgemeinderat? Wir reden über Gott, reden wir auch mit ihm? Das Sprechen von Gott stammt allemal aus dem Sprechen mit Gott, aus dem Gebet. Das ist das erste. Kennen wir es noch? Geben wir es weiter?

Jede Kirchenreform hat ihren Preis. Der ist aus allen Taschen zu zahlen, aus den Taschen derer, die ein Amt in der Kirche übernommen haben wie aus denen aller Gläubigen. Reicht unser Reformwille so weit, dass wir bei uns selbst beginnen? Ich sehe den Splitter im Auge des Papstes. Aber diesen Splitter nehme ich mir dann vor, wenn ich den Balken im eigenen Auge beseitigt habe. Wenn alle bereit sind, sich an den Unkosten zu beteiligen, dann kann eine Reform auch weit über die Kirche hinaus Gewicht gewinnen. Dann kann die Kirche im Ringen um die Zukunft unserer Gesellschaft Profil gewinnen. Sie gewinnt es nicht aus gutgemeinten Schönheitsoperationen, sondern aus der Tiefe ihres Gottesglaubens, aus dem Kreuz.

Klimawechsel

Predigt beim Kreuzfest in Wiesbaden 1997

Ob jemand ein Eigenheim baut oder einen Betrieb leitet, immer kommt es auf den Geist des Hauses an. Die äußeren Gegebenheiten allein machen's nicht. Was bringt der schönste Bungalow, wenn darin dicke Luft herrscht. Was bringt die bestausgestattete Firma, wenn das Betriebsklima unmöglich ist. Wir haben in den vergangenen Jahrzehnten viel gebaut: Familienhäuser, Hochhäuser, Werkhallen. Wir bauen am gemeinsamen Haus Deutschland, am Haus Europa, an der Einen Welt. Wie steht's da mit dem Geist des Hauses? Was liegt in der Luft? Was sagen die Zeichen der Zeit? Können wir sie deuten?

Weiter so?

Klimawechsel: Scheinbar braut sich etwas zusammen. Stehen die Zeichen auf Sturm? Vor uns die Sintflut? Lange Zeit haben wir gedacht: Es geht alles so weiter. Die Sonne scheint, die Wirtschaft läuft (mal mehr, mal weniger), der Rubel rollt und bald der Euro, die Pflanzen schießen üppig ins Kraut – und die Bäume? Auf einmal mussten wir feststellen: Die Nadeln rieseln, die Blätter fallen, nicht nur im Herbst. Wir stehen im Regen, im sauren Regen. Just in dem Moment, in dem wir denken: Die Bäume wachsen in den Himmel, beginnen sie zu sterben. Ein Zeichen der Zeit? – In Rio wurden vor einigen Jahren hoffnungsvolle Dokumente unterzeichnet. Wer hält sich dran? Das Ozonloch wächst. Das Loch im Himmel bringt vielen Menschen die Hölle auf Erden. Da stimmt doch was nicht. Weiter so? Wenn's so weitergeht, dann geht's bald nicht mehr weiter.

Klimawechsel: sozial! Tiefe Risse gehen durch unser Land und durch die Welt, zerreißen die Atmosphäre. Die Armut in Deutschland springt nicht ins Auge, so wenig wie das Ozonloch. Sie schreit nicht zum Himmel, sie verödet vor dem Fernseher. Die Zahl der Sozialhilfeempfänger ist enorm gestiegen, erst recht die Zahl der Arbeitslosen. Die Armut wächst und zugleich der Luxus. Ein Zeichen der Zeit? Die Starken werden stärker und die Schwachen schwächer. Das treibt unsere Gesellschaft auseinander. Und die Politiker lähmen sich gegenseitig, statt dass sie zu einem Grundkonsens finden und die notwendigen Reformen angehen. Da stimmt doch was nicht. Weiter so? Wenn's so weitergeht, dann geht's bald nicht mehr weiter.

Klimawechsel – kulturell. Das große Schlagwort heute ist »entertainment«. Talk-Shows am laufenden Band. Die Unterhaltungsindustrie läuft auf Hochtouren. So flach wie möglich, ja nicht in die Tiefe gehen! Die Vermüllung belastet nicht nur unsere Umwelt, sondern Hirne und Herzen. »Wir amüsieren uns zu Tode« (Neil Postman). Es ist chic, Positionen zu vertreten, wie jemand Staubsauger oder Spülmaschinen vertritt und immer mal Produkt und Firma wechselt – ohne sein Herz daran zu hängen, geschweige denn sein Leben. Wir verlernen jene Entschiedenheit, mit der man nur so und nicht auch anders denkt und handelt. Was ist noch heilig? Fast alles ist käuflich! Ein Zeichen der Zeit? Da stimmt doch was nicht!

Zu politisch?

Das sind Herausforderungen, denen wir uns stellen müssen, und zwar aus Gründen des Glaubens. Ich höre schon: ›Ihr (Kirchen) seid viel zu politisch. Ihr mischt Euch in Dinge ein, die Euch gar nichts angehen.‹ – Die Schöpfung geht uns an. Die Menschen gehen uns an, so wahr es uns um Gott geht. Die dürfen wir nicht zum Teufel gehen lassen. Wir können doch nicht einfach nur unser frommes Schäfchen ins Trockene bringen wollen. Wir können doch nicht tatenlos mit ansehen, wie unsere Gesellschaft immer weiter auseinander treibt. Viele haben ihre Seele an den Markt verkauft, und wir wundern uns, dass das soziale Klima frostig geworden ist und viele frieren und erfrieren. Wir ersetzen das Rückgrat durch die harte Mark. Geld zählt mehr als Glaubensüberzeugung, als Aufrichtigkeit; und wir wundern uns über Korruption und Gewalttätigkeit (schon unter Kindern und Jugendlichen). Wir werden uns noch viel mehr wundern. Wir können Gesetze schaffen und härter anwenden, soviel wir wollen, es wird sich wenig ändern, wenn die notwendigen Veränderungen in unseren Köpfen und Herzen ausbleiben. Die Krise in Umwelt und Gesellschaft ist eine Krise des Menschen. Er hat vergessen, wer Herr der Schöpfung ist.

Klimawechsel – der ist längst fällig, in umgekehrter Richtung. Wie können wir das Klima so umwelt- und sozialverträglich wie nur möglich gestalten? Woher bekommen wir den Nachschub an guter Energie? Woher nehmen wir die Kraft und den Mut, die gegenwärtige Krise als Chance zur Umkehr zu deuten und die Angst vor Veränderungen zu überwinden? Woher schöpfen wir das Vertrauen, dass wir nicht verlieren, wenn wir teilen und weniger haben? Auch wir in der Kirche sind ja von Umwelt- und Innenweltverschmutzung betroffen, nicht nur als Opfer, sondern als Täterinnen und Täter. Zu mächtig ist der Eigennutz im Großen und im Kleinen, zu trickreich die Kunst, es nicht gewesen zu sein, zu bequem die Verschleppungstaktik. Auch bei uns ersetzen allzu oft große Sprüche die allzu kleinen oder nicht vorhandenen Taten. Der Mut zur Konversion (von dicker Luft zu sauberer), der Wille zur Verhaltensänderung hat immer auch mit uns zu tun. Welches Klima verbreiten wir in unseren Pfarrgemeinden, Verbänden und Gruppen? Welcher Geist herrscht dort, wo wir wohnen und arbeiten? Auf den Geist des Hauses kommt es an.

Der Geist des Hauses

Lassen wir uns vom Geist Jesu Christi leiten? Der ist nicht von gestern, der ist heute wirksam. Geistesgegenwart! Wo dieser Geist herrscht, da ist ein anderes Klima als unter denen, die immer mehr kriegen wollen und sich vom Eigennutz gefangen nehmen lassen. Da sind wir wach füreinander. Da haben Fremde Platz an unseren Tischen. Da kommen all die in den Blick, die sonst hinten herunterfallen, gar nicht mitzählen. »Löscht diesen Geist nicht aus« (1 Thess 5,19). – Wo der Geist Jesu Christi herrscht, da dürfen Gebeugte sich wieder aufrichten und aufatmen, da finden Schuldige Vergebung. »Löscht diesen Geist nicht aus.« – Wo der Geist Jesu Christi herrscht, da wird die Welt nicht schöngeredet, da wächst Zivilcourage zum klaren Wort gegen das Verdrängen des sozialen Unrechts, gegen Politikverdrossenheit und kulturelle Belanglosigkeit. »Löscht diesen Geist nicht aus.«

Wir müssen uns nicht verstecken. Wir dürfen uns gar nicht verstecken. Wir können uns sehen lassen. Wir können wie hier in aller Öffentlichkeit mitten in der Stadt bekunden, wes Geistes Kind wir sind. Und wir sollten endlich Schluss machen mit der elenden, geistlosen Selbstbemitleidung. Klimawechsel! Wir können doch unsere besten Kräfte und Hoffnungsenergien nicht in die eigenen Reibereien investieren. Statt ständig über den Spardruck zu jammern, sollten wir ihn endlich als Chance nutzen, um über unseren Auftrag und unsere Prioritäten als Christen und Kirche in dieser Gesellschaft nachzudenken. Wie viel Institution vertragen wir, ohne dass uns der Geist ausgeht? Wir sollten uns dieser Frage ehrlich und zu Konsequenzen bereit stellen. »Löscht den Geist nicht aus!«

Wer glaubt, blickt durch

Schrifttext: Kol 1,12-20 –
Predigt beim Kreuzfest 1998 in Geisenheim/Eibingen
im Jubiläumsjahr der heiligen Hildegard

Zu einem Rabbi kommt ein Schüler und fragt ihn, was Glauben sei. Der Rabbi führt ihn zum Fenster und fragt ihn: »Was siehst du da?« Der Schüler antwortet: »Ich sehe Menschen, Häuser, Bäume ...« – Der Rabbi führt ihn ins Innere des Raumes vor einen Spiegel und fragt ihn: »Was siehst du jetzt?« Der Schüler antwortet: »Jetzt sehe ich mich selbst.« – »Siehst du«, sagt der Rabbi, »wenn du dein Leben lässt, wie es ist, so siehst du hindurch auf die ganze Welt bis zu ihrem Schöpfer; ist dir aber das Glas nicht genug und legst du nur ein bisschen Silber auf, so siehst du nur dich selbst.«

Wer glaubt, blickt durch. Auf die Natur schauen heute viele. Die Natur ist »in«. Es gibt eine Art elftes Gebot: Halte dich an die Natur, damit es dir wohlergehe und du lange lebest auf Erden ... Bringt das den Durchblick? Ist das die heilige Hildegard?

Die Grünkraft der heiligen Hildegard

Wenn ich morgens durch die Limburger Altstadt zum Ordinariat gehe, komme ich an einem bunt dekorierten Schaufenster vorbei: das Bild der heiligen Hildegard, Weinflaschen, Dinkel und Elixiersteine, und über allem eine ätherische Gestalt: Alles Natur! Was für eine Natur? Von Gott keine Spur. In dem Maße, wie er aus dem Bewusstsein schwindet, nimmt die Natur göttliche Züge an. Frei nach Schillers Ode an die Freude: »Freude trinken alle Wesen / An den Brüsten der Natur, / alle Guten, alle Bösen / Folgen ihrer Rosenspur.«

Die heilige Hildegard auch? Sie hat ein Schlüsselwort in ihren Schriften: Grünkraft! Die ist das Leben der Pflanzen, der Tiere und der Menschen. Grünkraft – grün ist eine schöne Farbe. Ist die heilige Hildegard grün angehaucht? Viele denken das und wollen sie vereinnahmen. Es gibt einen fundamentalen Unterschied: Die Grünkraft ist für Hildegard kein naturwüchsiges Lebenselixier, sondern Kraft Gottes. Sie blickt durch (in ihren Visionen), bis zum Schöpfer.

Wo der Mensch das Silber unterlegt und nur noch sich selbst sieht, da droht die Katastrophe. Man denkt, man läse in einer modernen Umweltschrift: »Die Elemente der Welt riefen in einem wilden Schrei: Wir können nicht mehr laufen und unsere Bahn vollenden. Denn die Menschen kehren uns mit ihren schlechten Taten wie in einer Mühle von unterst zu oberst. Wir stinken schon wie die Pest und vergehen vor Hunger nach der vollen Gerechtigkeit.« – »Die Menschen kehren uns um ...« Das ist der Punkt. Die Umweltkrise ist eine Krise des Menschen. Er hat vergessen, wem er sich und die Welt verdankt. Wer Natur sagt, darf Gott nicht verschweigen. Sonst versteht er schließlich die Welt nicht mehr, und er versteht sich selbst nicht mehr. Er sucht die Schadstoffe in der Luft, aber er geht nicht an die Wurzel des Übels. Er ist versessen auf Heilkräuter, aber er fragt nicht mehr, von wem das Heil zu erwarten ist. Er blickt nicht durch.

- Der Durchblick fehlt, wenn man sich auf die heilige Hildegard beruft und es dann bei Dinkel, Elixiersteinen und ein paar Gesundheitsrezepten belässt.
- Der Durchblick fehlt, wenn die Natur zum Religionsersatz wird und Menschen sich wie Herrgötter gebärden.
- Der Durchblick fehlt, wenn Leute die Umwelt zum Allerheiligsten erklären, aber in Sachen Abtreibung über Leichen gehen.

Blut und Boden?

Sich der Natur überlassen, das kann ein böses Erwachen geben aus romantischen Träumen, noch in einer ganz anderen Hinsicht. Sie werden kaum ahnen, wer diese Sätze geschrieben hat: »Die Natur ... setzt die Lebewesen zunächst auf diesen Erdball und sieht dem freien Spiel der Kräfte zu. Der Stärkste an Mut und Fleiß erhält dann als ihr liebstes Kind das Herrenrecht des Daseins zugesprochen ... Nur der geborene Schwächling kann dies als grausam empfinden, dafür aber ist er auch nur ein schwacher und beschränkter Mensch; denn würde dieses Gesetz nicht herrschen, wäre ja jede vorstellbare Höherentwicklung aller organischen Lebewesen undenkbar ... Am Ende siegt ewig nur die Sucht der Selbsterhaltung ... Ein Wesen trinkt das Blut des anderen. Indem das eine stirbt, ernährt sich das andere. Man soll nicht faseln von Humanität.« Das ist original Adolf Hitler. Blut und Boden, das Recht des Stärkeren! Bis hin zum Krieg ist alles ganz natürlich. Diese Art Natur haben Millionen und

Abermillionen in unserem Jahrhundert zu spüren bekommen, bis in die Gaskammern. Nein, der bloße Ruf zur Natur ist höchst ambivalent und gefährlich. Das braune Gedankengut ist längst nicht ausgeträumt, wie rechtsradikale Exzesse bis in diese Tage belegen.

Allemal bleiben die Schwachen, die Behinderten, die unheilbar Kranken dabei auf der Strecke. ›Warum gibt's die eigentlich noch in den großen Behinderteneinrichtungen hier im Rheingau‹, denken viele. ›Das könnte man heute doch ganz anders machen ...‹ – mit sauberen Methoden ein schmutziges Geschäft betreiben. Gnade uns Gott!

Es ist nicht selbstverständlich, dass die Behinderten unantastbar sind in ihrer Würde. Es ist nicht selbstverständlich, dass die Schwachen zu ihrem Recht kommen. Es ist nicht selbstverständlich, dass das Recht mehr gilt als die Faust.

Das ist uns nicht angeboren, das sitzt uns nicht von Natur aus im Blut. Im Blut sitzt uns etwas ganz anderes: »Blut und Boden!« Da müssen wir höllisch aufpassen. Da hilft keine Naturseligkeit. Die Evolution kennt keine Gnade: Wer schwach ist, behindert und krank, bleibt auf der Strecke. Gerade darin ist der Mensch nicht evolutionär, sondern revolutionär, dass er die blinde Gesetzmäßigkeit der Natur durchbrechen kann in der Liebe. Dafür steht Jesus Christus, sein Eintreten für die Schwachen in Wort und Tat. Die heilige Hildegard lehrt uns, an ihm Maß zu nehmen, nicht an der bloßen Natur oder an uns selbst. Von ihm her ist zu bestimmen, was Natur und wer der Mensch ist.

»Er ist vor aller Schöpfung«

Sie kennen das große Altarbild in der Eibinger Kirche: die Dreifaltigkeitsvision der heiligen Hildegard aus ihrem bekannten Buch »Scivias«. Jesus Christus steht in konzentrischen Kreisen aus Silber und Gold, die Gott Vater und den Heiligen Geist symbolisieren. Umgeben ist die Dreifaltigkeit von der Schöpfung. Hier ist dargestellt, was der Kolosserbrief sagt:

Jesus Christus »ist das Ebenbild des unsichtbaren Gottes,
der Erstgeborene der ganzen Schöpfung.
Denn in ihm wurde alles erschaffen
im Himmel und auf Erden,
das Sichtbare und das Unsichtbare ...

Er ist vor aller Schöpfung,
in ihm hat alles Bestand« (1,15-17).

Mit anderen Worten: Jesus ist es, durch den die Schöpfung besteht. Er ist ihr Ursprung und Ziel. Durch die Natur, durch die kosmischen Elemente und Mächte hindurch erstrahlt sein Gesicht. Am Anfang steht nicht der Urknall oder irgend etwas, sondern er. Alles, was die Natur aufbieten kann, ist durch ihn bedeutsam. Es ist nicht nur Material, mit dem man nach Belieben verfahren kann, es ist endlicher Ausdruck des unendlichen Gottes und hat an ihm Maß zu nehmen. Er verbindet den Kosmos mit seiner Person. Auf ihn geht unsere Hoffnung. Er hat den Schlüssel zum Leben, die Grünkraft, die aus dem Kreuz kommt.

Wenn wir sagen »im Namen des Vaters und des Sohnes und des Heiligen Geistes«, führen wir unsere Hand zur Stirn, zur Brust und zu den Schultern. Wir nehmen unsere ganze Person zusammen, mit Leib und Seele, und beschreiben den Ort, an dem wir daheim sind, im Dreieinen Gott. Dem Menschen – sagt der Glaube – antwortet letztlich nicht die Natur, sondern nur Gott mit seinem zukunftsfähigen Wort: Jesus Christus. Die Natur ist nicht die Heimat des Menschen. »Gott ward Mensch«, schreibt Hildegard, »damit der Mensch seine Heimat habe in Gott.« Das ist das Geheimnis unseres Glaubens. Wer glaubt, blickt durch!

Wenn Steine reden

Schrifttext: Gen 28,10-19 –
Predigt bei der Altarweihe im Frankfurter Dom 1994

Wenn Steine reden ... Bisweilen tun sie es, immer dann, wenn Menschen ihre Erfahrungen an Steinen festmachen. Solche Erfahrungen sind vielfältig: Man kann Steine aufnehmen und sie auf andere werfen – eine schreckliche Sache. Man kann einen Stein ins Rollen bringen. Man kann – wie hier – einen Gedenkstein aufstellen, einen Altar errichten. Und man kann Steine aufeinander schichten und ein Haus bauen, einen Dom. Das ist ein Symbol für Geborgenheit, ein festes Dach überm Kopf, und nicht nur überm Kopf, sondern auch über der Seele. Das ist eine Antwort auf die Frage: Wo gehöre ich hin? Wo kann ich bleiben?

Grenzerfahrungen

Davon erzählt die uralte Erzählung, die wir als Lesung hörten. Jakob – ein Mensch auf der Flucht! Er hatte sich verstellt und seinen Bruder um den Segen betrogen, und nun muss er vor allen davonlaufen, vor dem Vater, dem Bruder, vor Gott und nicht zuletzt vor sich selbst. Er liegt auf der Straße, obdachlos. Die Sonne ist untergegangen. Die Nacht überfällt ihn. Er sinkt in den Schlaf, den Kopf auf einem alten, denkwürdigen Stein.

Jakob hat einen Traum, eine Vision: eine Leiter, auf der Engel auf- und niedersteigen. Sie steht auf der Erde und reicht an den Himmel. Völlig überraschend kommt ein anderer auf ihn zu, der ganz Andere spricht ihn an: »Ich bin mit dir, ich behüte dich, wohin du auch gehst ... Ich verlasse dich nicht.« Erfahrungen an der Grenze! Da kann man die Engel singen hören.

Zwischen Stein und Vision

Der Stein und der Traum, die harte Wirklichkeit der Fakten und die Vision neuer Lebensmöglichkeiten. Da begegnen sich Welten, spannungsvoll und spannend zugleich. Stein – jeder weiß, was das bedeutet: die Schwerkraft der Materie, die Härte der vorgegebenen Fakten, die Einsamkeit dessen, der wie Jakob auf der Straße liegt, ohne Dach überm Kopf und über der Seele! Und dann – kaum zu glauben – mit dem Kopf auf diesem harten Stein die Vision, in der sich Himmelstore öffnen. Es kommt alles darauf an, diese ungeheure Spannung zwischen Stein und Vision auszuhalten und auf der Hut zu sein, dass der Stein die Vision nicht erdrückt und die Vision den Stein nicht verflüchtigt.

Viele sagen: ›Ach was, alles nur ein Traum, das mit dem Glauben. Die Verhältnisse sind nicht so. Die harte Wirklichkeit duldet keine Visionen. Weg damit. Kommen wir zur Sache. Bleiben wir bei dem, was ist. Wir haben doch alles ...‹ Das soll alles sein? Dieser sich selbst genügende Pragmatismus ist eher eine Ideologie von Besitzenden, die meinen, alles zu haben; deshalb fällt ihnen zum vorhandenen Wohlstandssystem keine Alternative mehr ein. Die jüdisch-christliche Tradition jedenfalls lebt aus der Vision einer neuen Stadt, die sich nicht mit dem Vorhandenen deckt und sich nicht aus den faktischen Gegebenheiten ergibt.

Nicht geringer ist die Versuchung zur anderen Seite hin. Auf der Suche nach Geborgenheit möchten sich heute viele ganz in den Träumen einnisten: ›Weg mit den steinigen Verhältnissen! Die trostlosen und phantasielosen Realitäten interessieren uns nicht.‹ Was wird heute nicht alles getan, um eine illusionäre Welt zu inszenieren. Das gilt auch für religiöse Traumtänzereien, nicht nur in der Esoterik. Man entzieht sich dem Anspruch eines wachen, aufgeklärten Bewusstseins und zieht sich zurück in eine gefühlige, stimmungsvolle Unmündigkeit: ein bisschen Harmonie, ein bisschen Innerlichkeit und Selbstverwirklichung, ein bisschen privates Glück. Mal greift man zum Buddhismus, mal zum Islam, mal zur Anthroposophie, je nachdem. ›Dies und das, von jedem was‹, das scheint die Devise zu sein im postmodernen Kulturkarneval, in dem schließlich alles geht und es auf nichts ankommt. Das könnte ein böses Erwachen geben.

Mit Jakobs Traum ist es anders. Er fällt ihm zu, während er mit dem Kopf auf dem Stein liegt. Gottes Verheißung ist nicht zu trennen von den harten Realitäten des Lebens, sonst rettet sie nicht. Sie schließt die gesellschaftlichen Gegebenheiten und Herausforderungen nicht aus, sondern bezieht sie ein.

Im Haus des Vaters

»Jakob erwachte aus seinem Schlaf und sagte: Wirklich, der Herr ist an diesem Ort ... Wie ehrfurchtgebietend ist doch dieser Ort« (16f). Der Ort seiner Gotteserfahrung auf Erden ist ihm heilig. Den will er auf jeden Fall in Erinnerung halten. Darum trifft er Vorsorge gegen das Vergessen. »Er nahm den Stein, den er unter seinen Kopf gelegt hatte, stellte ihn als Steinmal auf und goss Öl darauf. Dann gab er dem Ort den Namen Bet-El (Gotteshaus)« (18f). Er macht den Ort seines Traumes zu einem Denkmal, zu einem Stein, der für Gott spricht. Andere Menschen unterwegs und künftige Generationen sollen an das erinnert werden und finden können, was ihm hier zuteil geworden ist. – Ohne Tempel und Gotteshaus, Kirchen und Klöster gehen die Träume, Verheißungen und Ursprungserfahrungen des Glaubens unter, werden verdrängt oder einfach vergessen. Mehr denn je sind heute solche Orte lebens- und glaubensnotwendig.

Wenn Steine reden ... Bisweilen tun sie es. Das ist hier der Fall. Der Dom sagt uns: Gottes Haus auf Erden ist nicht eine Wohnung, die wir unsererseits für Gott bauen, sondern der Ort, an dem Gott uns zu Hause sein lässt. Er hält für uns eine Wohnung bereit: »Im Haus meines Vaters gibt es viele Wohnungen« (Joh 14,2). Er bürgt für unsere Heimkehr. Uns allen, oft genug unbehaust und obdachlos und nicht selten auf der Flucht, ist in ihm Heimat geschenkt, ein Dach überm Kopf und ein Zuhause für die Seele.

Die Weisheit hat ihr Haus gebaut

Schrifttext: Spr 9,1-6 –
Predigt beim Aussendungsgottesdienst 1995

Frau Weisheit

Um die Weisheit geht's. Sie lädt ein, so steht's in der Lesung dieses Gottesdienstes. Sie deckt den Tisch – und wie! Vieh wird geschlachtet, Wein gemischt (wir gießen lieber kein Wasser in den Wein). So oder so – ein festliches Mahl! Die Weisheit lässt sich nicht lumpen.

Wir laden uns hier nicht etwa nur untereinander mal ein zum Berufsbeginn. Die Weisheit ist Gastgeberin, oder besser: Gott selbst. Er ist gemeint, er steht dahinter. »Eingeladen zum Fest des Glaubens ...«

Wir sind von einer Frau eingeladen. Die Weisheit ist weiblich – wie sapientia oder sophia. (die frauliche Seite Gottes). Es gibt alte Fresken, auf denen der Heilige Geist in der Trinität als Frau dargestellt ist (z. B. in Urschalling). Frau Weisheit! Kennen wir sie noch, diese Frau? Schätzen wir sie? Man kann sich in sie verlieben. Die Weisheitstexte der Schrift möchten uns dazu anstiften. Sie locken uns zur Weisheit, dass wir nicht der Torheit auf den Leim gehen. Das geht auf Leben und Tod. Die Torheit ist tödlich, die Weisheit bedeutet Leben.

Vom Wissen zur Weisheit

Weisheit ist nicht nur Wissen. Wir schätzen heute das Wissen über die Maßen. Nichts dagegen. Ich will die Wissenschaften nicht madig machen. Wissen kann den Horizont weiten. Wissen ist Macht, heißt es. Wer in unserer Informationsgesellschaft mithalten will, muss viel wissen. So wissen wir immer mehr – und werden immer dümmer, sagt Karl Rahner. Wir wissen immer mehr, und wir sind uns in den entscheidenden Lebensfragen immer weniger gewiss. Die Torheit der Viel- und Besserwisserei. Wissen ist nicht unbedingt schon Leben. – Man spricht heute von Lebenswissen: ein Wissen, das das Leben vermittelt! Das kommt der Weisheit näher.

Was heißt das alles in unserer derzeitigen kirchlichen Situation? Wir haben zum Beispiel ein erstaunliches Wissen in der Auslegung der Schrift. Kaum eine Generation hat soviel über die Bibel gewusst wie wir. Die Religionspädagogik ist noch nie so gut entwickelt gewesen. In der Bildungseuphorie nach dem Konzil dachten wir: Wenn man's weiß, dann ist die Sache gelaufen. Keineswegs: Die Leute laufen uns weg, nicht nur in der Schule. Das Wissen allein macht's nicht.

Unser Kopf ist viel weiter als unser Herz. Unser Engagement erschöpft sich zumeist im Wissen auf Seminaren, Sitzungen, Konferenzen. Wenn es um die Konsequenzen im Leben geht, um Leben aus dem Glauben, ist uns der Atem ausgegangen. Oft leben wir in der inneren Befriedigung der Wissenden – ganz progressiv: Wir wissen ja, wie es eigentlich sein müsste und aussehen müsste in der Kirche. Aber wir wissen's eben nur. Die nur gewussten oder gedachten Wahrheiten! Wir leben von den Wörtern, wie jemand, der sich mit Speisekarten füttert, statt dass er sich an den Speisen ergötzt. – Die Weisheit deckt den Tisch und sagt: »Kommt, esst von meinem Mahl, trinkt vom Wein ...«

»Wer unerfahren ist, kehre hier ein.« Nur die Erfahrung überzeugt. Der Appetit kommt beim Essen. Karl Rahner wurde kurz vor seinem Tod gebeten, Rechenschaft zu geben über seine Erfahrungen als Theologe. Er sagte nicht ohne Betroffenheit: »Wir halten uns zu sehr bei der Rede über die Sache auf und vergessen bei all dieser Rede im Grunde die beredete Sache selber.« – »Anfang der Weisheit ist die Gottesfurcht ...« (9,10). Die Weisheit beginnt mit der Ehrfurcht. Dort fängt's an, wo wir uns verneigen, in die Knie gehen, anbeten. Sind wir darin erfahren?

In der Weisheit zu Hause

Das Wissen allein bringt's nicht: Ein Lebemeister ist mehr wert als tausend Lesemeister (Meister Eckhart). Der Weisheit geht es ums Leben, nicht nur um Bücher, Bibliotheken, um Theorien, Methoden, sondern um den gedeckten Tisch, um Brot und Wein, um handfeste Speisen, nicht um eine dünne Suppe. Und es geht ihr ums Haus:

»Die Weisheit hat ihr Haus gebaut.« ›Haus‹ ist ja weit mehr als eine Ansammlung von Steinen. Es ist Ausdruck von Geborgenheit. Unser Lebensraum ist gefügt: die vier Wände; Boden unter den Füßen; ein Dach überm Kopf. Das Haus ist ein Stück Erfüllung der uralten Sehnsucht, endlich heimzukommen, ist Antwort auf die Frage: Wo gehöre ich hin? Wo kann ich bleiben? Viele Leute liegen auf der Straße, buchstäblich – die Wohnsitzlosen. Und noch weit mehr sind psychisch obdachlos.

Das ist das Ge-heim-nis unseres Glaubens: Der Glaube will ein Heim schenken: Obdach für Leib und Seele. Wenn das nicht mehr geschieht, dann wird es im wahrsten Sinne des Wortes un-heim-lich.

Und nun werden die Mägde, die Töchter und Söhne der Weisheit ausgesandt, dorthin, wo die Menschen sind, an die Stadttore, in die Öffentlichkeit. Das heißt doch nicht: Macht ein Büro auf und lasst die Leute kommen; sondern geht und gebt die Einladung weiter, als Botinnen und Boten der Weisheit. Überlasst die Leute nicht der Torheit. Zeigt ihnen, wo das Leben ist. Ladet sie zum Festmahl ein. Wie hier jetzt: »Die Weisheit hat ihren Tisch gedeckt und lädt ein ...«

Hast du ein Herz zu vergeben?

Schrifttext: Ez 1,28-3,3 –
Predigt beim Aussendungsgottesdienst 1997

Gott allein beruft

Das ist ein prophetischer Mensch, ein prophetisches Wort. So reden wir oft – mit strahlenden Augen. Und vielleicht denken wir insgeheim: Das möchte ich sein, prophetisch. Oder: Ich bin's ein bisschen ... – Die meisten, die das große Wort prophetisch in den Mund nehmen, ahnen gar nicht, was damit gemeint ist. Prophet wird man nicht auf dem kirchlichen Dienstweg, nach BAT mit gesicherten Pensionsansprüchen. Man wird's auch nicht, weil man's gern sein möchte. Gott bewahre uns vor den selbsternannten Propheten.

Niemand wird gerne Prophet. Die echten jedenfalls haben sich nicht danach gedrängt. Sie haben sich mit Händen und Füßen gesträubt: »Lass mich doch, Herr; nimm einen anderen. Ich bin noch so jung, ich kann's doch gar nicht.« – »Dich will ich«, sagt Gott. Er allein beruft. Er hat das erste und das letzte Wort.

»Er sagte zu mir: Stell dich auf deine Füße Menschensohn; ich will mit dir reden. Als er das zu mir sagte, kam der Geist in mich und stellte mich auf die Füße.« Gott spricht zu ihm, stärkt ihn mit seinem Geist und gibt ihm dadurch Stehvermögen, standing. Die Gottesbeziehung ist die innere Achse der Prophetenberufung und Sendung.

Kein reines Vergnügen

Wer es mit Gott zu tun bekommt, der kann sich auf einiges gefasst machen. Prophet zu sein ist jedenfalls nicht das reine Vergnügen. Die Aufgabe ist gefährlich; denn die, zu denen er gesandt wird, sind voller Widerspruch. Mehrfach wird hier vom widerspenstigen Volk gesprochen. »Es sind Söhne (und Töchter) mit trotzigem Gesicht und hartem Herzen. Zu ihnen sende ich dich.« Sie werden ihn in die Enge treiben und ins Abseits stoßen.

Ich will den Teufel nicht an die Wand malen. Aber so ist es doch oft genug: Man versucht, sein Bestes zu geben, und es bleibt ohne Echo. Die Leute geben uns zu verstehen: Interessiert mich nicht! Wem liegt schon noch daran, von Gott und seiner Weisung zu hören? Religionsfreudige Gottlosigkeit ... »Eine Wahrheit, die einem nicht geglaubt wird, kann einem weher tun als eine Lüge« (John Steinbeck, Jenseits von Eden). Halten wir den Schmerz aus?

Ob wir nicht alle viel zu sehr auf Harmonie bedacht sind? Wir fragen immer wieder: Wie komme ich bei den Leuten an? Wir lechzen nach Bestätigung und klopfen uns gegenseitig auf die Schultern. »Schöner Gottesdienst. Hat mir gefallen ...« – So wäre Ezechiel nie zum Propheten geworden. Der Erfolg weist nicht den Propheten aus, eher schon der Schmerz, den die Verkündigung der Gotteswahrheit mit sich bringt. Er könnte ein Echtheitskriterium sein, dass wir es im Vollzug unseres Glaubens nicht nur mit uns und unseren hinausprojizierten Wunschvorstellungen und Kirchenträumen zu tun haben, sondern – mit Gott! Nur wer Gottes Anspruch als Einspruch gegenüber den eigenen Bedürfnissen und Interessen gelten lässt, glaubt wirklich.

»Fülle dein Inneres mit dieser Rolle«

Und schließlich die Sache mit der Rolle: »Eine Hand war ausgestreckt zu mir; sie hielt eine Buchrolle.« Eigentlich sollte hier eine große Stoffrolle aufgestellt werden, beschrieben mit den »Klagen, Seufzen und Weherufen«. Aber der springende Punkt ist hier gar nicht so sehr das Anschauen der Rolle, sondern dass sie gegessen werden soll: »Er sagte zu mir: Menschensohn, iss, was du vor dir hast. Iss diese Rolle ... Fülle dein Inneres mit dieser Rolle ... Dann geh und rede zum Haus Israel.« Können Sie sich vorstellen, Ihre Rolle zu essen? Ich bin überzeugt, dass davon Ihre berufliche Zukunft abhängt. Wir kennen das doch, dass man ein Buch verschlingt. Es geht darum, dass ich mir die Sache Gottes, die Sendung ganz zu eigen mache, sie mir einverleibe. – Ein junger Mann sucht einen Rabbi auf. Der fragt ihn, was er bisher getan habe. Der junge Mann antwortet: »Ich bin dreimal den ganzen Talmud durchgegangen.« – »Gut«, sagt der Rabbi, »aber wie viel vom Talmud ist durch dich gegangen?«

Wir haben die Tricks erfunden, mit denen wir uns schadlos halten können: Differenz zwischen Person und Beruf, Möglichkeit, sich von seiner Rolle zu distanzieren. Man spielt Rollen, übt Funktionen aus und hält dabei die Seele zurück. Das entspricht einer Gesellschaft, in der alles austauschbar und ersetzbar ist. So kommen wir mit unserem Beruf nie und nimmer zurecht, schon gar nicht, wenn wir ihn mit prophetischen Zügen zusammenbringen wollen. Da können wir uns nicht heraushalten, da muss die Rolle durch uns hindurch. »Fülle dein Inneres mit dieser Rolle.«

»Wenn die Propheten aufständen
in der Nacht der Menschheit
wie Liebende, die das Herz des Geliebten suchen,
Nacht der Menschheit,
würdest du ein Herz zu vergeben haben?«
(Nelly Sachs)

Das ist die Frage, auf den Punkt gebracht, hast du ein Herz zu vergeben – ein Herz für Gott?

Nicht Nachlaßverwalter, sondern Wegbereiter

Schrifttext: Mt 25,1-13 –
Predigt beim Frauentag in der Kreuzwoche 1997

Das verräterische »noch«

Wenn wir auf unsere kirchliche Situation schauen, springt zunächst ganz beherrschend in die Augen, was alles weniger wird. Wir sind noch 750 000 Katholiken im Bistum, es gehen noch etwa 15% sonntags zum Gottesdienst, wir haben noch 38 Priesteramtskandidaten. Bezeichnend ist in solchen Aussagen das »noch«. Wir messen uns an der Vergangenheit. Das ist nicht die Blickrichtung des Evangeliums. Das schaut auch in der Nacht auf das Kommen des Herrn: »Geht ihm entgegen.« Die Zukunft Gottes ist größer als die Vergangenheit unserer Traditionen und Ideale. Wir sind nicht Nachlaßverwalter einer großen Vergangenheit, sondern Wegbereiter für eine Zukunft, die mit Christus auf uns zukommt. Die Herren der Welt gehen, unser Herr kommt.

Die Nacht wird immer dichter, der Herr kommt immer näher

Eine ungeheure Spannung liegt in diesen beiden Sätzen. Aber sie stimmen beide. Man könnte ja denken: Die Nacht wird immer dichter – es sitzt nichts mehr drin, es sieht ganz finster aus. Es wird immer schlimmer, bis zum Tag X wird die Statistik auf dem Nullpunkt sein. Und der Herr bleibt aus. – Weit gefehlt! Die Nacht wird immer schwärzer, und der Herr kommt immer näher. Wir brauchen uns vor den Schrecken der Nacht nicht zu fürchten. Wir können darauf zugehen, Nachtwanderungen wagen. Die Nacht ist kein Zeichen der Abwesenheit des Herrn. Wir können ihm mitten in der Nacht begegnen.

Fünf zu fünf

Die Mitternacht ist die Stunde der Wahrheit. Als der Bräutigam kommt, gibt es eine böse Überraschung. Fünf Frauen haben kein Öl für ihre Lampen: eine akute Ölkrise. Die Lebensenergie geht aus, der Vorrat an Treue und Liebe erlischt.

Die Tür fällt ins Schloss. Die fünf sind draußen vor der Tür. Hart!

Das kann doch nicht wahr sein. Eine unheimliche Spannung. Die tanzenden Frauen suchen in ihrem Spiel gleich einen Ausweg, um aus dieser Spannung herauszukommen. Lösen kann man sie nicht, bis Er kommt.

Im Zusammenhang dieses Gleichnisses ist vom Weltgericht die Rede. Sie kennen diese Szene. Stellen Sie sich einmal vor, Jesus habe gesagt: »Da war ein Mann, der war hungrig, und ihr habt ihm zu essen gegeben ... Das war ganz nett, aber ihr hättet es auch bleiben lassen können ...« – »Da war ein anderer Mann, der hungerte, und ihr habt ihm nichts zu essen gegeben ... Nun ja, ist auch nicht so schlimm, er ist eben verhungert. Was soll's?« – »Kommt her, und lasst euch alle umarmen. Was immer ihr getan habt, es spielt keine Rolle. Schwamm drüber.« – Das ist nicht die Sprache des Evangeliums. Jesus hat vom Gericht gesprochen und von der Gefahr des Scheiterns. Er verbietet uns, mit einer Versöhnung für alle und für alles zu rechnen. Man kann sein Leben verfehlen. Es ist gut, dass wir heute nicht mehr in der Heilsangst früherer Generationen leben. Es ist aber gefährlich zu denken, das Heil sei eine Selbstverständlichkeit. So nicht!

Mit leeren Händen

Bei einer schweizerischen Theologin fand ich eine sehr originelle Auslegung dieses Gleichnisses. Die Pointe – sagt sie – liegt gar nicht so sehr beim Öl, sondern darin, dass die fünf nicht da sind, wenn der Bräutigam kommt. Aus Angst, mit leeren Lampen dazustehen, laufen sie zum Krämer. Sie wollen noch schnell aufholen, was sie versäumt haben. Ist es vermessen anzunehmen, sie wären auch so mit in den Saal gezogen? Wenn wir vor jener letzten Tür stehen, hinter der das Fest Gottes stattfindet, stehen wir ohnehin mit leeren Händen da. Wir können unser Heil nicht selber bringen, wir müssen es auch gar nicht. Wir dürfen es empfangen.

Gott – wie eine Mutter

Schrifttext: Hos 11,1-9 –
Predigt beim Frauentag in der Kreuzwoche 1990

Unsere Kirche – unsere Mutter? Das ist das Leitwort dieses Frauentages. Wie kommen wir nur dazu, unsere Kirche »Mutter« zu nennen? Manche werden sagen: ›Das ist sie gar nicht. Ich erlebe sie ganz anders. Wenn sie's nur wäre!‹ Immerhin, das Wort ecclesia ist weiblichen Geschlechts, wie *die* Kirche. In der bekannten Plastik am Straßburger Münster ist die Kirche als Frau dargestellt. Warum ist sie also von ihrem Ursprung und Idealbild her weiblich, mütterlich geprägt? Wir gehen dieser Frage nach, indem wir auf die Lesung aus dem Propheten Hosea (Kap. 11) hören.

Ins Herz geschlossen

Von Gott ist da die Rede. »Gott ist uns Vater und mehr, mehr, viel mehr. Gott ist uns Mutter und mehr, mehr, viel mehr«, so haben wir nach einem Wort von Papst Johannes Paul I. gesungen. Dass Gott uns Mutter ist, das möchte uns dieser alte Prophetentext deutlich machen. Er ist wie eine Mutter zu seinem Volk.

Israel ist das Volk Gottes. Darin ist auch das neue Gottesvolk angesprochen. Was sich hier zwischen Gott und Israel abspielt, das spielt sich auch zwischen Gott und der Kirche ab.

Gott hat Israel in sein Herz geschlossen. Er hat das Volk zu sich gerufen, aus Ägypten. Ägypten ist der Inbegriff von Knechtschaft und Sklaverei. Da kommt Israel her, von Gott höchstpersönlich gefreit. Er stellt es auf die Beine, er lehrt es die Schritte in die Freiheit, den ganzen Weg durch die Wüste. Rührend, wie Gott sich seines Volkes annimmt. Er nimmt es auf seine Arme (3), wie eine Mutter, wie ein Vater.

»Mit menschlichen Fesseln zog ich sie an mich,
mit den Ketten der Liebe.
Ich war da für sie wie die Eltern,
die den Säugling an ihre Wangen heben.
Ich neigte mich ihm zu und gab ihm zu essen.« (4)

Die kalte Schulter

Doch jetzt kommt das Ungeheuerliche. Es ist einfach nicht zu fassen: Israel/Kirche, so geliebt und gefreit, wendet sich ab.

»Je mehr ich sie rief,
desto mehr liefen sie von mir weg.« (2)

Es ist, wie wenn die Mutter mit offenen Armen da steht und ruft: »Komm in meine Arme!« Und das Kind wendet sich ab und läuft weg. Gott kennt diese Erfahrung, die viele Eltern heute machen. Das kann einem das Herz zerreißen.

Es ist nicht zu glauben, aber so ist es: Israel geht fremd, es wendet sich dem Baal zu (7), dem Götzen des Erfolges und der naturwüchsigen Kraft. Der Tanz um das goldene Kalb... Und schließlich landet es wieder dort, wo es in den schlimmsten Zeiten war, in Ägypten (5), in den Ketten der Sklaverei.

Was soll man da tun? Einfach laufen lassen? ›Wenn du es nicht anders willst, dann lauf doch weg. Du kannst mir gestohlen bleiben.‹ So redet Gott nicht. Was tun? Es ist zum Heulen! Der glühende Zorn steigt hoch (9). Soll Gott etwa mit dem Schwert dreinschlagen (6)? Es kocht in ihm, man merkt's den Worten an.

Gottes Mutterschoß

»Wie könnte ich dich preisgeben, Efraim,
wie dich aufgeben, Israel?...
Mein Herz wendet sich gegen mich,
meine Barmherzigkeit/mein Mutterschoß entbrennt« (8).

Gott hätte eigentlich allen Grund, dreinzuschlagen und seinem Zorn freien Lauf zu lassen. Das wäre nur allzu verständlich. Er tut's nicht: »Ich will meinen glühenden Zorn nicht vollstrecken...« (9) Warum eigentlich nicht? Das hat seinen Grund, einen entscheidenden Grund:

»Denn ich bin Gott, nicht ein Mensch,
der Heilige in deiner Mitte.
Darum komme ich nicht in der Hitze des Zorns« (9).

Bei einer Theologin las ich die Übersetzung: »Denn Gott bin ich und nicht Mann.« Das trifft genau die Sache, um die es hier geht. Gott will nicht (mit dem Schwert) den starken Mann markieren, seine Barmherzigkeit entbrennt (8). Dabei muss man wissen, dass die Hebräer und Griechen für Barmherzigkeit und Mutterschoß dasselbe Wort verwenden. Gott lässt sich also letztlich nicht vom starken Mann leiten, sondern von der mütterlichen Barmherzigkeit. Akzeptieren wir das?

Der »starke Mann«?

Was haben wir nur aus der Barmherzigkeit gemacht? Schließlich ist es so weit gekommen, dass heute niemand mehr von »Gnade und Barmherzigkeit« leben möchte. Aber wovon leben wir denn? Vom Recht? Sicher, wir wollen unser gutes Recht haben, in der Gesellschaft und auch in der Kirche. Wer wollte das verachten. Wir sollten nicht zu leicht von der verrechtlichten Kirche reden. Vielleicht wäre es gut, wenn das Recht bei uns besser zur Geltung käme. Aber soviel ist klar, das Recht ist nicht alles.

Bei aller Liebe zum Recht, ich kann vor kein Gericht der Welt gehen und sagen: »Ich klage dich an, dass du mich nicht liebst. Ich klage dich an, dass du nicht barmherzig bist zu mir.« Liebe und Barmherzigkeit gehen über das Recht hinaus. Und vielleicht ahnen Sie, wohin wir kommen, wenn wir von der Barmherzigkeit nichts mehr wissen wollen. Dann stirbt der Mutterschoß, aus dem wir alle hervorgegangen sind und leben. Eben darum geht's hier, wie der Prophetentext sagt.

Fürchten Sie nicht, dass jetzt einseitig die Gewichte verteilt werden: Das Recht beim Mann, der es und sich selbst mit Macht durchsetzt, auch in der Kirche, und den Frauen bleibt die Barmherzigkeit. Nein, so nicht! Aber wer sollte denn die mütterliche Barmherzigkeit in der Kirche erfahrbar machen, wenn nicht die, die mit dem Mutterschoß gesegnet sind? Sie könnten die Macht des »starken Mannes« überwinden.

Jedenfalls: Gott lässt Israel/Kirche nicht einfach laufen. Er verstößt sie nicht, weil sie sich vom Ursprung abwenden und fremdgehen. Er schlägt auch nicht mit dem Schwert drein. Er sieht die gefesselte Kirche (in Ägypten!), so wie wir sie heute morgen in den Aufführungen gesehen haben: blind, gebunden, am Stock. Seine Reaktion: »Ich komme nicht in der Hitze des Zorns« (9), sondern »meine Barmherzigkeit lodert auf« (8).

Man kann auch eine gefesselte alte Frau, die blind ist und am Stock geht, umarmen. Das tut Gott. Wie wollen wir letztlich die Kirche von ihren Fesseln befreien? Wollen wir mit dem Schwert dreinschlagen? Das ist nicht der Weg Gottes. Er geht gewaltlos voran. Notfalls durchleidet er die Fesseln. Dafür bürgt das Kreuz. Sein Weg heißt Barmherzigkeit.

Gottes Mutterschoß! Daraus ist Israel hervorgegangen, daraus lebt die Kirche. Von diesem Ursprung her ist sie trotz vieler gegenläufiger Erfahrungen mütterlich geprägt, unsere Mutter. Sie ist nicht davor gefeit, sich von ihrem Ursprung zu entfernen und in Fesseln zu geraten. Aber Gott gibt sie auch dann nicht auf, er umgibt sie mit seiner Barmherzigkeit. Das lässt hoffen.

Grenzüberschreitung

Schrifttext: Mt 15,21-28 – Predigt zum Frauentag

Eine Frauengeschichte? Eine Jesusgeschichte? Eine Glaubensgeschichte!

Jesus verlässt Galiläa, er zieht sich zurück in die Gegend von Tyros und Sidon. Er geht über die Grenze ins heidnische Land. Gottlose Gegend – dachten die Israeliten. Eine Grenzüberschreitung!

Eine Ausländerin

Man kann die Frau nur bewundern: Sie hat Mut! Eine Frau – eine Ausländerin, eine Fremde, und zu allem hat sie noch ein schwerkrankes Kind. Ich kann mir gut vorstellen, dass sie manche Nacht durchwacht hat und sich kaum aus dem Haus traute, denn ihre Tochter wurde »von einem bösen Geist übel geplagt« – geisteskrank!

Und nun, als Jesus kommt, setzt sie alles auf eine Karte. Sie kümmert sich nicht darum, dass sie in der Öffentlichkeit als Frau nichts zu sagen hat, als Ausländerin schon gar nicht. Sie schreit um Hilfe, so laut, dass jeder es hört: »Hab' Erbarmen mit mir, Herr, du Sohn Davids! Meine Tochter wird von einem Dämon gequält ...« (15,22).

Das geht doch nicht, den Jüngern wird's richtig peinlich. Sie drängen Jesus: »Befreie sie von ihrer Sorge, denn sie schreit hinter uns her« (23).

Das klingt nach wenig Verständnis für die Not dieser Frau, eher danach, unangenehme Unruhe vermeiden zu wollen. Und Jesus?

Sie lässt nicht locker

Keine Antwort. Eine bedrückende Situation. So kennen wir Jesus nicht: »Ich bin nur zu den verlorenen Schafen des Hauses Israel gesandt« (24). Für die Heiden nicht zuständig?

Jesus leugnet nicht, woher er kommt. Er ist Israelit. Er steht auf dem Boden des Alten Testamentes. Aber er ist ja inzwischen schon über die Grenze gegangen, er hat heidnischen Boden unter den Füßen. Trotzdem: »Es ist nicht recht, das Brot den Kindern wegzunehmen und den Hunden vorzuwerfen« (26). Fallen die Heiden unter den Tisch. Das tut weh!

Die Frau lässt nicht locker. Sie lässt sich nicht abwimmeln. Wer sich nach solchen wiederholten Abfuhren noch traut, etwas zu erwidern, muss unendlich viel Mut und Durchhaltevermögen haben. So bei dieser Frau. Ihre Beharrlichkeit ist einfach umwerfend. Sie achtet nicht auf das, was schicklich ist sondern auf das, was die Liebe ihr gebietet. Sie lässt sich nicht einschüchtern, wirkt selbstbewusst und sogar auf Knien aufrecht und stark.

Glaube, der Berge versetzt

Ist das alles nicht zum Heulen? Wenn der Glaube nicht wäre! »Frau, dein Glaube ist groß ...« Jesus lässt sich durch den Glauben der Frau zur Grenzüberschreitung herausfordern – vom Alten zum Neuen Bund. Die Tradition wird nicht durchgestrichen, aber transzendiert: der Schritt über die Grenze zum Neuen Testament. Eine neue Erfahrung (wie beim heidnischen Hauptmann, beim dankbaren und barmherzigen Samariter): Keiner, der glaubt, wird vor die Hunde gehen.

Diese Frau ist ohne Aussichten gekommen und hätte allen Grund gehabt, abzuhauen, aber sie hat standgehalten. Was für ein Glaube! Nun wird ihr und ihrer Tochter geholfen.

Die Frau wirkt groß und aufrecht, obwohl sie auf den Knien liegt. Sie ist so stark, dass sie zum Symbol für den Glauben wird, der Berge versetzen kann. Sie sagt uns, dass die Frohe Botschaft die Grenzen überwindet: »Es gibt nicht mehr Juden und Griechen, nicht Sklaven und Freie, nicht Mann und Frau, denn ihr alle seid ›einer‹ in Christus Jesus« (Gal 3,28).

Alternativ

Schrifttext: Mt 13,33 –
Predigt aus Anlass eines BDKJ-Jubiläums im Bistum Limburg

War's das?

50 Jahre BDKJ im Bistum Limburg. Sollen wir die Jahre vergolden? Das Evangelium weist uns in eine andere Richtung. Sauerteig: eine kleine Masse bringt das Ganze zum Gären; eine unscheinbare Kraft ist da, die alles betrifft. Wohl kaum jemand von uns wäre hier, wenn es in ihm nicht gegärt hätte oder gären würde.

1947 – eine Zeit voller Gärungen. Damals bin ich Pfadfinder geworden, in einer Kirchenruine, gezeichnet durch den Krieg. Das Kreuz war aus verkohlten Holzbalken zusammengesetzt. Es war für uns der Inbegriff einer Sehnsucht nach neuem Leben, nach Freiheit, nach gerechter Ordnung. Kaum jemand von den Älteren hier unter uns, der nicht von dieser Sehnsucht ergriffen gewesen wäre. Dann kam die Zeit des Aufbaus und der Konsolidierung: von der Bewegung (Jugendbewegung) zur Statik, vom Aufbruch zur Einrichtung. Haben wir uns bequem eingerichtet? Oder sind wir sauer geworden, statt dass wir vom Sauerteig ergriffen wären? Haben wir noch genügend Gärungskraft? Oft ist das so: Da gehen wir mit Elan an den Start und enden schließlich in Filzpantoffeln.

Der Sauerteig hat's in sich

Das Evangelium ist ausgesprochen kühn: Wie selbstverständlich setzt es voraus, dass der Sauerteig da ist. Wir brauchen ihn nicht zu produzieren, er ist nicht unser Werk, nicht das Ergebnis unserer Resolutionen und Kopiergeräte. Er ist da, weil Gottes Reich da ist in Jesus Christus. Er ist Gabe Gottes, eine Vorgabe für unser Denken und Tun.

Alles kommt darauf an, dass wir uns von Jesus Christus ergreifen lassen (wie vom Sauerteig). Wir leben als Christen nicht von Anleihen aus fremden Programmen. Christsein genügt. Nachfolge genügt. Die Alternative zum Vorhandenen muss sichtbar werden, so klar und profiliert wie nur eben möglich. Christus steht für Gott, ohne Wenn und Aber. Er steht für die Menschen, vor allem für die Zu-kurz-Gekommenen, für die Fremden. Er steht für die, die nicht zur Automesse fahren, die sich nicht in ein

Cabrio für DM 175 000,— setzen können, die vielmehr unter die Räder gekommen sind.

Ist das so, dass von diesem Jesus etwas in uns steckt? Etwas von seinem Wort, seinem Leben, seinem Geist? Steckt es so in uns, dass wir uns das Leben gar nicht ohne ihn vorstellen können? Als wäre er ein Stück von mir! Sagen wir als Christen: Hier steh' ich, und ich kann nicht anders! Oder sagen wir: Hier steh' ich, und ich kann auch ganz anders!?

Nur so!

Was geben wir den Nachwachsenden mit, damit sie nicht an der Oberfläche bleiben und geistig und emotional veröden, damit sie nicht ihre Seele an den Markt verkaufen?

Was den Dingen kritisch an die Wurzel geht, also radikal ist, erscheint heutzutage schnell als überzogen. Von Gedanken soll man weder ergriffen noch besessen sein; man soll sie vertreten, wie jemand Staubsauger oder Küchenmaschinen vertritt und immer mal Produkt und Firma wechselt, ohne sein Herz daran zu hängen, geschweige denn sein Leben. Es kommt uns immer mehr abhanden, was nicht Funktion, nicht Mittel zum Zweck ist, sondern für sich selbst steht und gilt, Halt und Standkraft gibt. Wo schließlich nichts mehr heilig und fast alles käuflich ist, da wird auf Dauer die Sehnsucht für das in sich selbst Stehende wieder wachsen.

Es ist chic und modern, alles zu mustern und zu begutachten, aber sich möglichst herauszuhalten. Sich ja nicht festlegen! Wenn eine Entscheidung notwendig ist und nicht zu umgehen, dann allenfalls auf Zeit. Verbindlichkeit ist nicht gefragt. Entschiedenheit ist anrüchig, gerät in die Nähe des Fanatismus. – Zerstört die skeptische Zurückhaltung nicht die unerlässliche Radikalität und Entschiedenheit, die zum hier und jetzt geforderten Zeugnis wird? Was dann bleibt, ist die auf sich selbst bezogene Freiheit dessen, der seine Zustimmung wohl zu dosieren und klug zu investieren weiß. Ihr ist nichts anzumerken von jener Unerlässlichkeit, von jenem »Müssen«, dem das Glaubenszeugnis gehorcht. »Kunst kommt nicht von können, sondern von müssen« (Arnold Schönberg). Kommt nicht auch das Glaubenszeugnis vom »Müssen« – aus einer Entschiedenheit, mit der man eben nur so und nicht auch anders kann?

Sauerteig ist etwas anderes als ein Klumpen Gips. Er verschwendet sich in das Ganze. Er behält sich nicht für sich, dann vergärt und verfault er. Das gilt auch für uns, für die Kirche. Wie viel Energie und Zeit vertun wir damit, dass wir uns bloß untereinander stabilisieren, kritisieren oder in Gremien und Papier verwalten. Die Sache ist einfach mit dem Sauerteig – so einfach wie Wahrheit, wie Gerechtigkeit für alle.

Warum Christen beten

Brief an die Gemeinden im Bistum Limburg
zur österlichen Bußzeit 1999

»Mit Lisa in der Kirche gewesen. Konnte nicht beten ...« Diese kurze Bemerkung aus einem Roman von Martin Walser können wir nachvollziehen. Viele von uns, die den Sonntagsgottesdienst mitfeiern, haben Schwierigkeiten mit dem Beten. Früher wurde gefragt: Wie soll ich beten – zu welcher Tageszeit, in welcher Haltung, mit welchen Texten? Heute fragen viele: Warum soll ich überhaupt beten?

Eigenartig: Während das herkömmliche Beten vielen Menschen abhanden gekommen ist, finden religiöse Formen aus dem asiatischen Raum anhaltend starkes Interesse. Der Dalai Lama kann sich des Zustroms nicht erwehren. Das ist doch seltsam – oder? Suchen die Menschen anderswo, was sie bei uns nicht finden? Dann wäre es höchste Zeit, dass wir einen neuen Zugang zum Beten suchen.

Beten und Handeln

»Not lehrt beten«, hieß es früher. Lehrt Not beten? Sie hat uns das Planen gelehrt. ›Kluger Mann sorgt vor‹, und die Frau natürlich auch – für die Gesundheit, für das Alter und überhaupt für Lebensrisiken. Wir nehmen unser Leben selbst in die Hand. Wozu da noch beten? Es lenkt doch nur davon ab, selbst etwas zu tun. Nicht die Bitte um jenseitige Hilfe wendet die Not, sondern die diesseitige Tat. So denken viele.

Zu einem Rabbi kommt ein Schüler und fragt ihn, was Glauben sei. Der Rabbi führt ihn zum Fenster und fragt ihn: »Was siehst du da?« Der Schüler antwortet: »Ich sehe Menschen, Häuser, Bäume ...« Der Rabbi führt ihn ins Innere des Raumes vor einen Spiegel und fragt ihn: »Was siehst du jetzt?« Der Schüler antwortet: »Jetzt sehe ich mich selbst.« –

»Siehst du«, sagt der Rabbi, »wenn du dein Leben lässt, wie es ist, so siehst du wie durch Glas auf die ganze Welt bis zu ihrem Schöpfer. Ist dir aber das Glas nicht genug und legst du nur ein bisschen Silber auf, dann siehst du nur dich selbst.«

Wer glaubt, blickt durch. Wer betet, bleibt nicht vor dem Spiegel stehen – bei sich und seinem Aussehen. Er sieht weiter, über sich selbst hinaus. Er weitet seinen Horizont. Wir sind nicht die Techniker und Macher unseres Daseins. Das Leben ist voller Überraschungen, einfach spannend. Es geht weit über das hinaus, was wir planen und ins Werk setzen. Wir leben nicht nur vom Markt und vom Geschäft. Wir leben von Vertrauen, von Hoffnung und Liebe, kurzum von dem, was nicht zu machen und zu kaufen ist. Das verändert uns – und die Welt. Wenn aber die Liebe Realität ist und Realitäten schafft, sollte dann der Dialog mit dem Ursprung der Liebe ohne Wirkung sein? Das kann doch nicht wahr sein! Christen glauben: Am Anfang von allem steht nicht etwa nur der Urknall oder irgend etwas, sondern Er, Gott in Person, schöpferische Liebe. Und der Dialog mit diesem Ursprung unseres Daseins ist die Achse, um die sich alles dreht. Das heißt beten. Es ersetzt nicht das eigene Tun. Aber ebenso wenig ersetzt unser Tun das Beten.

Beten als Ausdruck von Freiheit

Steht Beten im Widerspruch zu Freiheit und Selbstbestimmung? Viele meinen, wer betet, gebe seinen Verstand und Willen an der Kirchentür oder an der Himmelstür ab. Anstatt aufrichtig und aufrecht selbst zu denken und zu entscheiden, schiebe er Gott die Verantwortung zu. »Kopf ab zum Gebet!«, spottet Kurt Tucholsky.

Verliert man sein Rückgrat, wenn man vor Gott in die Knie geht? Nur wer ein Rückgrat hat, kann sich verneigen. Wer von einem anderen Menschen angesprochen ist und sich ihm in Liebe zuwendet, ist doch nicht weniger frei als der, der sich der Liebe versagt. Im Gegenteil! Die Liebe macht ihn freier. Wer Gott glaubt, wer sein Wort hört und darauf antwortet, wird nicht weniger Mensch, sondern mehr. Wo könnte größer von der Vernunft und der Würde des Menschen gedacht werden als dort, wo er sich Gott zuwendet. »Der Mensch ist nie so groß, wie wenn er kniet«, sagt Papst Johannes XXIII.

Wer nicht betet, ist kurzsichtig. Er bringt sich um seine größten Lebensmöglichkeiten, er bringt sich um die Geschichte mit Gott. Nie sonst findet er so zu sich selbst. Glaube und Vernunft, Gebet und Freiheit schließen sich nicht aus, sondern sind spannungsvoll aufeinander bezogen. Beten macht frei, frei von der Angst um sich selbst, die die Phantasie unserer Liebe verkümmern lässt.

Meditation statt Gebet?

Viele Menschen suchen heute Anregungen in der Spiritualität Asiens. Sie sind darauf aus, den inneren Raum ihrer selbst zu erkunden, sich selbst zu verwirklichen mit Leib und Seele. Meditation hat Konjunktur. Gerade nachdenkliche und geistlich wache Menschen finden sich darin wieder. Wer wollte das geringschätzen! Freilich darf dabei das persönliche Gebet nicht zu kurz kommen. Viele denken leider, es sei durch die Meditation überholt. Sie können es einfach nicht glauben, dass der unsagbare Gott uns im Angesicht Jesu Christi begegnet und uns durch seinen Heiligen Geist beim Namen ruft. Meditation ja, Gebet nein – so eine verbreitete Meinung. »Du bist mein Atem, wenn ich zu dir bete«, sagt eines unserer neueren Kirchenlieder (GL 621,3). Was der Atem für das Leben ist, das ist das Beten für den Glauben. Nichts ist uns innerlicher als der Atem. Er ist wie die Lebensenergie, die uns durchströmt. Deshalb hängt viel davon ab, gründlich durchzuatmen. Keine Meditation ohne Einführung ins richtige Atmen. Im Atmen sind wir ganz bei uns, und zugleich stehen wir im lebendigen Austausch mit unserer Umwelt – und mit Gott, dem wir den Atem verdanken.

»Du bist mein Atem, wenn ich zu dir bete.« *Du* bist mein Atem: Da ist ein Gegenüber in deutlichem Unterschied zu mir, und doch ist es mein Atem. Das Beten ist ein Beziehungsgeschehen. Ob Anbetung oder Bitte, ob Lob oder Klage – immer geht es um Ausdruck und Einübung einer lebendigen Beziehung. Wie jede Beziehung zwischen Menschen ihre Höhe- und Tiefpunkte hat, ihre Seligkeiten und ihre Entfremdungen, so ist es auch für die Begegnung mit Gott im Gebet und in der christlichen Meditation.

Lernorte des Betens

Dort, wo unser Atem zu flach ist oder zu kurz, wo wir Atembeschwerden haben oder gar in Atemnot geraten, bedarf es entsprechender Übungen. Das gilt nicht minder für das Beten: Was eigentlich selbstverständlich ist, kommt doch nicht von selbst. Die Jünger bitten Jesus: »Lehre uns beten« – schon damals! Beten will gelernt sein, wie eine Sprache, wie die Liebe. Und es will geübt sein in lebenslanger Weiterbildung. Ohne Übung wird keiner Meister. Wo gibt es Lernorte des Betens?

◆ Ich habe das Beten nicht so sehr in großen liturgischen Feiern gelernt, sondern in den kleinen Traditionen zu Hause in der Familie, im Morgen- und Abendgebet und im Tischgebet, auch durch das Kreuz, das mir die Mutter immer neu auf die Stirn gezeichnet hat. Das prägt sich ein. Ich kenne junge Eltern, die es mit ihren Kindern heute ähnlich machen. Warum eigentlich nicht? Das Beten muss im alltäglichen Leben Hand und Fuß gewinnen.

◆ Ein Pfarrer erzählte mir, ein junger Mann habe ihn gefragt: »Wo lernt man hier eigentlich das Beten?« Er sei bei der Antwort ins Stottern gekommen. Sind unsere Gemeinden Lernorte des Betens? Ich weiß das intensive katechetische Bemühen sehr zu schätzen. Führt es dazu, dass die Kinder und Jugendlichen beten lernen? Sollten in den Gemeinden nicht vorab Gebetstreffen eingerichtet werden, eine Art Gebetsschule?

◆ Der Gottesdienst ist ein vorrangiger Lernort des Betens. Indem wir mit der Kirche mitbeten, lernen wir, persönlich zu beten. Und umgekehrt lebt der Gottesdienst mit davon, dass wir lernen, unser Herz ins Gebet zu legen. Wenn einer jemanden wirklich gern hat, so bleibt er ihm gegenüber nicht stumm. Ob wir tatsächlich mit Gott rechnen und ihm das Herz zuwenden, zeigt sich in unserem Beten.

So ist das heute: Viele von uns beginnen den Tag in Hektik und fallen abends hörfunk- und fernsehgestresst todmüde ins Bett. Wir brauchen dringend Ruhezonen, einen Lärmschutz für die Seele. Der Biorhythmus allein tut's nicht, auch der Gebetsrhythmus bedarf der Pflege. Wo sind die Orte und Minuten im Tagesablauf, da wir vor Gott und bei Gott verweilen? Weniges ganz und regelmäßig zu tun, ist besser als vieles halb und zufällig. Die Bußzeit auf Ostern hin lädt dazu ein.

Energiekrise

Radioansprache 1999

»Mit Lisa in der Kirche gewesen. Konnte nicht beten …« Können Sie diese Bemerkung aus einem Roman von Martin Walser nachvollziehen? Viele von uns haben Schwierigkeiten mit dem Beten. Dem bin ich in meinem Fastenhirtenbrief nachgegangen.

Wer meine Heimatstadt Münster besucht, der sieht auf einer kleinen Anhöhe über dem Aa-See eine Windmühle. Er denkt: Wie in früheren Zeiten. Hier wird Windkraft auf die Mahlsteine gelenkt, um Korn zu mahlen für unser tägliches Brot. Kommt er der Mühle näher, dann merkt er auf einmal: Die Flügel drehen sich, ohne dass der Wind sich regt. Er merkt bald, dass die Mühle zu einem Museum gehört. Besucher können mit einem Fünfmarkstück einen Motor in Betrieb setzen, der vorübergehend die Flügel in Gang bringt. Für den Wind sind sie nicht mehr empfänglich. Auch bei Sturm rühren sie sich nicht vom Fleck. Sie sind an ein anderes Energiesystem angeschlossen. Für ihre ursprüngliche Aufgabe sind sie gesperrt, damit sie für einen Augenblick den erwünschten schönen Schein erzeugen – wie wenn jemand Wind macht …

Muss ich viel zu diesem Vorgang sagen? Mancher denkt wahrscheinlich: So ist das heute mit der Kirche. Die verschiedenen Instanzen und Gremien rotieren auf Anhieb, aber durch welche Energie? Wird Korn gemahlen für das tägliche Brot, für geistliche Nahrung? Oder hat der ganze Betrieb inzwischen museale Züge angenommen? Mit fünf Mark ist man dabei … – Stop, so einfach kommen wir mit der Mühle nicht davon. Jeder und jede mögen sich fragen: Welche Kraft treibt mich an? Für welche Energie bin ich empfänglich? Bin ich gegenüber dem Wind gesperrt, oder lasse ich mich vom Sturm des Geistes erfassen?

Was der Wind für die Windmühle ist, das ist das Gebet für den Glauben. Im Gebet spüren wir nach, von wo der Wind weht. Wir machen uns empfänglich für Gottes Geist. Wir stellen die Flügel so, dass er in uns zum Zuge kommen kann. Er ist die Lebensenergie, die uns durchströmt.

»Du bist mein Atem, wenn ich zu dir bete«, heißt es in einem Kirchenlied. Was der Atem für das Leben ist, das ist das Beten für den Glauben. Nichts ist uns innerlicher als der Atem. Wer nicht in sich geht, der wird kaum betend zu Gott finden. Eugen Roth hat es auf den Punkt gebracht:

»Ein Mensch nimmt guten Glaubens an,
er hab' das Äußerste getan.
Doch leider Gott's vergisst er nun,
auch noch das Innerste zu tun.«

Viele in der Kirche setzen sich ein bis zum Äußersten. Tun sie auch das Innerste? Wenn unser Atem flach ist oder zu kurz, wenn wir gar in Atemnot geraten, dann ist das ein Alarmzeichen. Bei Atembeschwerden sind Atemübungen angezeigt. Das gilt auch für das Beten. Man kann es lernen und verlernen, je nachdem, was man dafür einsetzt. Die Fastenzeit lädt ein, dieses »Innerste« unseres Glaubens zu tun.

Windmühlen sind veraltet, werden Sie denken. Keineswegs: Windräder sind im Kommen. Unsere Energiekrise überwinden wir nur mit alternativen Energien.

Der Atem des Glaubens

Predigt beim Silbernen Abtjubiläum 1996 in Marienstatt

Das Gebet für den heutigen Sonntag spricht aus, was in dieser Stunde zu sagen ist:

»Herr, unser Gott,
du hast uns erschaffen, damit wir dich preisen.
Gib, dass wir dich mit ungeteiltem Herzen anbeten
und die Menschen lieben, wie du sie liebst.«

Wozu gibt's die Zisterzienser, wozu den Abt? Wozu sind wir da? – »Gott, du hast uns erschaffen, damit wir dich preisen ...« Befremdlich! Mancher wird denken: Die Zisterzienser in Marienstatt und den Abt vorweg, die gibt's, damit wir eine gute Schule haben, damit wir einander beistehen. Das ist nicht zu verachten. Aber am Ursprung dieses Klosters, am Ursprung der Zisterzienser in der benediktinischen Tradition steht der Satz: Dem Gotteslob darf nichts vorgezogen werden. »Gott, du hast uns erschaffen, damit wir dich preisen ...«

Damit wir dich preisen

Im Alten Testament gibt es diese wenig bekannte Erzählung über Daniel. Er ist in Babylon. Und Babylon steht für ein in sich geschlossenes, totalitäres System. »Jeder, der an irgendeinen Gott oder Menschen außer an dich, König, eine Bitte richtet, der soll in die Löwengrube geworfen werden« (6,8). Mit anderen Worten: Alles nur noch König! Der König ist alles! Der König ist Gott, und vor ihm haben alle in die Knie zu gehen. Daniel tut's nicht. Da »ging er in sein Haus. In seinem Obergemach waren die Fenster nach Jerusalem hin offen. Dort kniete er dreimal am Tag nieder und richtete sein Gebet und seinen Lobpreis an seinen Gott« (6,11).

Das geschlossene System Babylon und Daniels Obergemach mit dem offenen Fenster nach Jerusalem, der Stadt des lebendigen Gottes. Daniel weiß, dass Gott selbst da ist. In der tödlichen Gefahr findet er in ihm Halt. »Dort kniete er dreimal am Tag nieder und richtete sein Gebet und seinen Lobpreis an seinen Gott.«

Unsere Welt – las ich – hat keine Fenster mehr. Wohin wir schauen, durch das Mikroskop oder durch das Fernrohr, auf den Bildschirm oder in die Bilanzen – wir begegnen schließlich nur noch uns selbst. Gott kommt nicht mehr vor. Wir sitzen wie in einem riesigen Spiegelsaal, ohne ein Fenster zur Ewigkeit; wir spiegeln uns selbst. Aber wenn wir uns nur mit uns selbst begnügen, mit den Dingen, der Welt. »Gott, du hast uns erschaffen, damit wir dich preisen ...«

Wir sind dazu da, die Fenster offenzuhalten im Obergemach, den Durchblick freizuhalten auf Gott hin. Es wäre fatal, wenn wir schließlich auch in der Kirche zu einem geschlossenen System werden, in dem alles funktioniert, aber die Fenster nicht mehr offen sind, zur Ewigkeit.

Mit ungeteiltem Herzen anbeten

Das geht nicht von selbst. Von Daniel heißt es, dass er »dreimal am Tag niederkniete und sein Gebet und seinen Lobpreis an seinen Gott richtete, ganz so, wie er es gewohnt war« (6,11). Er hatte das Niederknien und den Blick durch die offenen Fenster im Obergemach eingeübt in guten Tagen. Nun, im Ernstfall des Lebens angesichts der tödlichen Bedrohung, findet er darin Halt und Gelassenheit. Haben wir solche Gewohnheiten, einen Ort des Gebetes, Gebetszeiten, einen Rhythmus des Betens? Spüren Sie, wie das Chorgebet hier der Mönche ein wahrer Segen ist, nicht nur für den Westerwald, nicht nur für das Bistum Limburg, nicht nur für die Kirche.

Das Gebet ist wie der Atem des Glaubens. Oft genug sind wir außer Atem, in Atemnot. Wenn wir nicht mehr wissen, was uns atmen lässt, wenn wir die Fenster nicht mehr offen halten, dann Glaube, gute Nacht! Im Gebet geht es um Sein oder Nichtsein des Glaubens. Spüren Sie die Bedeutung dieses Ortes, des Konvents hier?

»Gib, dass wir dich mit ungeteiltem Herzen anbeten ...« Wer anbetet, geht in die Knie, wie Daniel! Er verneigt sich, bückt sich tief. Verliert man da nicht sein Rückgrat? Nur wer ein Rückgrat hat, kann sich tief bücken. Wer vor Gott in die Knie geht, braucht es vor nichts und niemandem sonst zu tun. Das eröffnet eine Freiheit, die nur der erahnen kann, der Gott anbetet. »Brot ist wichtig, Freiheit ist wichtiger, am wichtigsten ungebrochene Treue und unverratene Anbetung« (Alfred Delp).

»Gib, dass wir dich mit ungeteiltem Herzen anbeten ...« Mit ungeteiltem Herzen! Das ist dem heiligen Bernhard wichtig gewesen: Gott nicht nur mit dem Kopf suchen und verehren (das ist wichtig!), sondern mit ungeteiltem Herzen. Ein ungeteiltes Herz für Gott! Den Zisterziensern als Auftrag vom heiligen Bernhard in die Wiege gelegt ...

Die Menschen lieben

Mancher wird argwöhnen: Wird hier nicht zum Rückzug in eine private Innerlichkeit geblasen? Wo bleibt der Einsatz für die Menschen, das gesellschaftliche Engagement?

»Gott mit ungeteiltem Herzen anbeten und die Menschen lieben, wie du sie liebst.« Aus Russland kommt die Legende vom heiligen Dimitrij. Der war mit Gott verabredet, draußen in der Steppe. Er beeilte sich, um rechtzeitig zur Stelle zu sein. Da begegnete er einem Bauern, der sich mit seinem Karren im Dreck festgefahren hatte. Sofort half Dimitrij dem Bauern, den Wagen wieder freizubekommen. Mühsam genug in dem Schlamm. Wie das so ist, wenn jemand festgefahren ist. Mehr als eine Stunde hatten beide alle Hände voll zu tun. Als nun der Karren endlich wieder flott war, lief der Heilige so schnell er konnte zum verabredeten Ort in der Steppe. Aber Gott war nicht mehr da. Da nicht! Aber er war da, als Dimitrij dem Bauern geholfen hatte.

Anbetung und die Tat der Liebe gehören zusammen, wie für den Vogel die beiden Flügel, wie für uns die beiden Augen oder die Hände, mit denen wir zupacken und die wir falten können. Wer sich auf eine Verabredung mit Gott einlässt, bei dem gerät das Leben in Bewegung. Er wird anderen beistehen, weil er mit Gott verabredet ist.

Damit Arbeit nicht alles wird

Ora et labora! Die Arbeit hat sich heute sozusagen über alles ausgebreitet: Wir sprechen von Fabrikarbeit und Trauerarbeit, von Geistesarbeit und Maschinenarbeit, neuerdings auch von generativer Arbeit (Zeugen und Gebären, Aufziehen der Kinder). Das »Labora« ist bei uns alles, das »Ora« dagegen scheint wie vergessen und verschwunden. Die Zisterzienser haben die Zeit des Arbeitens der Gebetszeit der Cluniazenser geradezu abgeknappt. Heute müssen wir umgekehrt einen Teil von unserer totalen Arbeitswelt für das Beten herausschneiden. Wir arbeiten, wir wühlen die Erde um und greifen den Himmel über uns an. Wem dient das alles? Wer nicht weiß, woher er kommt und wohin er geht, der landet sehr schnell dort, wohin er gar nicht wollte. »Herr, unser Gott, du hast uns erschaffen, damit wir dich preisen …«

Der Hungerkünstler

Ansprache zu Fronleichnam 1988

»Ein Hungerkünstler« – so heißt die Erzählung Franz Kafkas, die er als letzte zu seinen Lebzeiten veröffentlicht hat, mit deutlich autobiographischem Hintergrund. Der Hungerkünstler ist eine seltsame Gestalt. Er hat große Auftritte gehabt, große Zeiten erlebt. Die sind jetzt vorbei. Hunger ist uninteressant geworden, der Wohlstand ist ausgebrochen, die Massen rennen achtlos am Hungerkünstler vorbei zu den großen Tieren im Zirkus, denen die Freiheit »irgendwo im Gebiss« steckt. Der Mann mit seiner Kunst, den Hunger wachzuhalten, wird vergessen. Nach langer Zeit entdeckt man ihn zufällig beim Aufräumen. Er hungert noch immer – und die Leute denken, er wolle sich interessant machen. Erst im Zwiegespräch kommt heraus, was hinter seiner eigentümlichen Kunst des Verzichts steckt:

Nichts von Geltungssucht, nichts von Wichtigtuerei. Er hat gar keine andere Wahl. »Weil ich hungern muss, ich kann nicht anders«, sagte der Hungerkünstler. »Warum kannst du denn nicht anders?« – »Weil ich«, sagte der Hungerkünstler, hob das Köpfchen und sprach mit wie zum Kuss gespitzten Lippen gerade in das Ohr des Aufsehers hinein, damit nichts verlorenginge, »weil ich nicht die Speise finden konnte, die mir schmeckt. Hätte ich sie gefunden, glaube mir, ich hätte kein Aufsehen gemacht und mich vollgegessen wie Du und alle«. Und Kafka fügt hinzu: »Das waren die letzten Worte, aber noch in seinen gebrochenen Augen war die feste, wenn auch nicht mehr stolze Überzeugung, dass er weiter hungere.«

Die Speise, die schmeckt

Der Hungerkünstler ist konsequent. Er lässt sich nicht mit Fastfood abspeisen. Die Speise, die er sucht, ist von besonderer Art – nicht unbedingt das, was alle mögen. Was auf dem Markt der Waren und Meinungen zu haben ist, befriedigt ihn nicht. Es geht ihm um die Speise, die nicht nur satt macht, sondern Erfüllung schenkt. Es geht um die Nahrung, von der Menschen in Wahrheit leben, die unserem Dasein Grund und Richtung gibt, Sinn und Ziel. Speise meint nicht das Brötchen morgens zum Frühstück und das Kotelett zum Mittag, sondern das, was uns bewegt, was uns nicht loslässt, dessen Verlust uns verkommen ließe, was uns erfüllt und begeistert, was die Langeweile tötet und den Betrieb bloßstellt. Wir könnten alles haben, fehlte uns dies, so fehlte uns alles. »Ich habe die Speise nicht gefunden, die mir schmeckt.«

Dieser Hungerkünstler ist anspruchsvoll, mit einer erstaunlichen Widerstandskraft gegenüber noch so verführerischen Angeboten. Er hat ein Gespür, das ihn lieber mit großen Hoffnungen hungern und dürsten lässt, als dass er sich mit Banalitäten vollaufen und unter Konsumgütern begraben ließe. Unbeirrbar treu seinem Geschmack, bleibt er auf der Suche nach dem, was wirklich sättigt.

Sind Hungerkünstler heute selten geworden, fremd und belächelt von den unheilbar Gesunden und Normalen, wie in Kafkas Erzählung? Oder ist alles nur konsumistisch überlagert und suchtförmig verstört? Gewiss, es ist ja alles da: voll die Kassen und Schränke, voll die Köpfe mit neuesten Nachrichten und dem letzten Schrei der Mode. Wer wird da noch hungern? Aber ist nicht jede Sucht noch ein Zeichen jenes maßlosen Hungers, der nicht befriedigt werden kann? Wo wird der Beziehungshunger wirklich gesättigt – jenseits von Massenkonsum und Suchtverhalten, jenseits von Verblödung und Verblendung zum Beispiel durch bloße Spaßindustrie. Wir dürfen den Hunger nicht im Sympathiesumpf ertränken, in der Lieblichkeit verhätscheln und bis in die Bedeutungslosigkeit verniedlichen und verkommen lassen.

Gesättigt mit dem ewigen Hunger

In der Bibel stößt man nicht zufällig dann stößt man nicht zufällig immer wieder auf die Metaphorik von Hungern und Dürsten, von Essen und Trinken, von Sehnsucht und Erfüllung. »Seht, es kommen Tage – Spruch Gottes, des Herrn –, da schicke ich den Hunger ins Land, nicht den Hunger nach Brot, nicht Durst nach Wasser, sondern nach einem Wort des Herrn« (Amos 8,11). Christlicher Glaube ist heiß auf das, was kommt. Er gibt sich nicht zufrieden mit dem, was ist. Er ist auf den richtigen Geschmack gekommen für das, was wahr ist und bewährt, auch wenn es noch nicht voll da ist. Für die Wüstenzeit unterwegs gibt es das Brot für den Tag, nicht mehr und nicht weniger. Sich satt zurückzulehnen und mit dem Status quo schlechthin zufrieden zu sein, besteht absolut kein Grund. Christen und Christinnen sind voll messianischer Unruhe, hungrig und durstig: »Gesättigt mit dem ewigen Hunger« (Mechthild von Magdeburg). Der ist durch nichts und niemanden zu sättigen als durch den Messias selbst.

Brot des Lebens

»Ich bin das Brot des Lebens« (Joh 6,35), sagt der Hungerkünstler aus Nazaret. »Während des Mahles nahm er das Brot und sprach den Lobpreis; dann brach er das Brot, reichte es ihnen und sagte: »Nehmt, das ist mein Leib. Dann nahm er den Kelch ...« und er sagte zu ihnen: »Das ist mein Blut, das Blut des Bundes, das für viele vergossen wird« (Mk 14,22-24).

Das gebrochene Brot als Zeichen der Hingabe. Jesus gibt nicht etwas, er gibt sich selbst für das Leben der Welt. So wird er zur Speise, von der wir leben: »Das Brot, das ich euch geben werde, ist mein Fleisch, ich gebe es hin für das Leben der Welt« (Joh 6,51). Gebe Gott, dass wir den Geschmack an diesem Brot nicht verlieren.

IV. LEBEN IN DER ZEIT – LEBEN IN DER WELT

Sein ist die Zeit

Silvesterpredigt 1999 im Dom zu Frankfurt

Auf dem Regal in meinem Arbeitszimmer steht eine Sanduhr. Von Zeit zu Zeit hole ich sie näher auf den Schreibtisch. Es ist heilsam, sie anzuschauen. Ich war überrascht, als ich jüngst im Logo des Katholikentags auf sie stieß. Dort erscheint sie als Signal aus der Computersprache. Am Computer vergisst man die Zeit. Er nimmt seine Benutzer so sehr in Anspruch, dass sie nicht merken, was um sie herum geschieht und wie die Zeit vergeht. Wenn der Computer arbeitet und der Benutzer eine kleine Pause einlegen kann, erscheint eine Sanduhr auf dem Bildschirm. Sie kündigt eine Unterbrechung an, Zeit zum Innehalten.

Verrinnende Zeit

Frühere Generationen haben mit der Sanduhr die Zeit gemessen. Heute haben wir Quarzuhren. Bis auf die Sekunde genau geben sie die Zeit an. Man muss sie nicht umdrehen wie eine Sanduhr oder aufziehen wie eine mechanische Uhr. Sie laufen nicht ab, sie laufen immer weiter – endlos. Nach modernem Empfinden ist die Zeit denn auch ein gleichbleibendes Kontinuum: Es geht immer so weiter. Eng damit verbunden ist die Vorstellung, dass es mit dem Fortschritt immer so weiter geht und mit dem Wachstum.

Aber wir machen doch auch ganz andere Erfahrungen: Ein Tag geht zu Ende, ein Jahr, ein Jahrtausend, ein Leben. Unsere Zeit ist befristet. Und nicht nur unsere persönliche Lebenszeit hat ein Ende, sondern die Zeit überhaupt. Das hatten die Menschen früher unmittelbar vor Augen, wenn sie auf die Sanduhr schauten – wie auf Bildern des Barock. Der Sand rinnt aus dem oberen Glas ins untere. Die Zeit verrinnt, wird weniger. Sie läuft ab. Sie geht nicht unendlich lang, sie ist endlich. Die Zeit ist wie ein begrenzter Vorrat an Jahren, der uns geschenkt ist.

Geschenkte Zeit

Zeit ist Geld, sagen wir. Mehr nicht? Macht das Geld den Wert der Zeit aus? Das mag ein Stück weit so sein. Und doch: Zeit ist mehr Gabe als Geld, sie ist unbezahlbar. Sie fällt uns zu wie ein Geschenk des Himmels. Und es ist, wie wenn unser Platz jetzt an dem entscheidenden Punkt der Sanduhr ist, dort, wo sich das Glas verjüngt wie zu einem Nadelöhr, durch das die einzelnen Sandkörner hindurchgleiten: Jeder Augenblick wie ein Geschenk, das uns anvertraut ist. Ein Kairos, sagten die Griechen. Werden wir ihn wahrnehmen? Oder hat Pascal recht: »Niemals halten wir uns an die Gegenwart. Wir nehmen die Zukunft vorweg, als käme sie zu langsam ... Torheit, in den Zeiten umherzuirren, die nicht unsere sind, und die einzige zu vergessen, die uns gehört.«

Was machen wir mit der uns geschenkten Zeit? Wir können sie versilbern: Zeit ist Geld. Wir können sie vertreiben oder vertun, wir können sie gar totschlagen. Und wir können sie weiterschenken. Wir können anderen Zeit schenken: die Eltern den Kindern und die Kinder den Eltern, einer dem anderen. Die Zeit kann zum kostbarsten Geschenk werden, das wir füreinander haben. Denn mit der Zeit geben wir nicht nur etwas, sondern uns selbst. Haben wir Zeit dafür? Oder ist es umgekehrt: Die Zeit hat uns?

Unumkehrbar

Zum Jahrtausendwechsel wurde auf dem Frankfurter Römer eine fünf Meter große Sanduhr aufgestellt. Das letzte Sandkorn fiel just zum neuen Millennium. Die besondere Anordnung der zwei Glaszylinder verdeutlichte nicht nur die Einmaligkeit des Jahrtausendwechsels, sondern auch die Einmaligkeit der Zeit. Die Frankfurter Sanduhr ließ sich nicht drehen. Anders als sonst war eine Umkehrung ausgeschlossen. Also keine Wiederholung des Prozesses!

Viele rechnen heute mit einer Wiedergeburt, nicht nur im Tod, sondern bereits im Leben. Sie tun so, als sei alles wiederholbar: Die Jugend soll neu beginnen durch Kosmetik und Fun-Kultur, das Scheitern der Beziehungen scheint revidierbar, man geht ein neues Verhältnis ein, beginnt von vorn. Keine Entscheidung ist endgültig, solange Quittungen den ständigen Umtausch ermöglichen. Da macht diese Uhr mitten in Frankfurt einen Strich durch die Rechnung. Sie spitzt unser Zeitverständnis auf das äußerste zu: Zeit ist vergänglich. Der Traum permanenter Wiederholbarkeit ist nah am Machbarkeitswahn. Ein süßer Traum, der bei genauer Betrachtung zwischen unseren Fingern zerrinnt – wie der Sand. Man kann nicht auf Probe leben.

Schlechte Zeiten?

Wer spricht das Urteil über unsere Zeit? Entscheidet die Konjunktur darüber, ob wir gute oder schlechte Jahre erleben? Wir haben die Kaufkraft stark entwickelt. Am Ende denken wir: Alles sei zu kaufen, und das Käufliche sei alles. Das ist ein großer Irrtum. Dann kann es einem wie Schuppen von den Augen fallen: Je mehr wir haben, desto ärmer sind wir geworden.

Wir sind arm an Gütern, die nicht zu kaufen sind. Zeit ist knapp. Wer hat schon Zeit, Zeit für andere? Treue und verlässliche Beziehungen sind knapp, Beziehungen, die über den Tag hinaus gelten, die ein Leben lang tragen; die werden immer seltener. Sinn ist knapp. Was soll das Leben? Was hat das Ganze für einen Sinn? Früher wussten die Menschen eine Antwort darauf, die sie trug. Heute sind viele, gerade junge Menschen, in dieser Sache ratlos. Sie haben gelernt, wie man zu Geld kommt, nicht aber, wie man zu Sinn kommt. Geld zählt mehr als Glaube. Der scheint beliebig, in jedem Fall Privatsache.

Schlechte Zeiten für den Glauben? Nicht unbedingt! Eine Krise kann die Stunde der Wahrheit sein, die Stunde des Anrufs: Es kann nicht einfach so weitergehen wie bisher. Die Krise stellt uns. Manchmal erfahren wir erst dann, wovon wir überhaupt leben. Das kann befreiend sein, endlich zu sehen, was zu tun und was zu lassen oder zu verlassen ist.

Unsere Tage zu zählen, lehre uns!

»Heute ist der erste Tag vom Rest deines Lebens ...« Als ich dieses Wort las, habe ich innegehalten. Es ist mir nachgegangen. Jeder wird es anders aufnehmen. Die Jüngeren werden denken: Rest des Lebens? Für mich ist das Leben nicht nur ein Rest, ich habe es noch vor mir. Gott Dank! Aber wie immer wir es wenden, die Sanduhr läuft, auch für die Jüngeren unter uns. Niemand von uns weiß, wie lang sein Lebensvorrat bemessen ist.

Soviel ist sicher: Heute ist ein erster Tag. Heute ist die Chance eines neuen Anfangs. Der erste Tag vom Rest!

»Kein anderer Gedanke als der, dem Tag etwas Gold auszuwaschen, ein einziges Korn bloß« (Erhard Kästner). Wie die Goldwäscher in Kalifornien am Fluss das Gold auswaschen, so können wir aus dem fließenden Sand etwas Gold gewinnen, auch wenn es nur ein einziges Korn ist, das Goldkorn geschenkter Zeit.

Die Tage zu zählen, das ist nicht selbstverständlich. Es will gelernt sein, von Gottes Gnaden. Oft sagen wir: »Unsere Tage sind gezählt.« Es ist ein Zeichen von Weisheit, wenn wir sie selber zählen können, ein Zeichen innerer Freiheit, die Tage wie Goldkörner anzuschauen und zu empfangen, dankbar – in der gegebenen Frist.

In deine Hände, Herr

»Wo bleibt die Zeit?«, fragen wir oft. Die Sanduhr kann uns in dieser Frage zum Zeichen werden. Der Sand, der aus der oberen Schale nach unten rinnt, läuft nicht ins Leere. Die Zeit läuft nicht weg. Sie wird aufgefangen, gesammelt. Ich kann in dem unteren Glas der Sanduhr Gottes Hände erkennen. Sie fangen meine Zeit auf, dass sie nicht im Sande verläuft. Meine Zeit in Gottes Händen.

»Der du die Zeit in Händen hast,
Herr, nimm auch dieses Jahres Last
und wandle sie in Segen.
Nun von dir selbst in Jesus Christ
die Mitte fest gewiesen ist,
führ uns dem Ziel entgegen!«
(Jochen Klepper)

In der Komplet, dem Abendgebet der Kirche, wird mehrmals dieses Wort gesprochen: »Herr, auf dich vertraue ich, in deine Hände lege ich mein Leben.« Das Wort ist mir mit den Jahren immer wichtiger geworden. Ich sehe meine Hände – was sie tragen können und was nicht, was sie ausrichten und was sie anrichten. Je mehr ich das spüre, desto mehr hilft es mir, wenn ich am Abend eines Tages sagen kann: »Herr, auf dich vertraue ich, in deine Hände lege ich mein Leben.« Das ist wie eine Einübung ins Loslassen, ins Schlafen. Und der Schlaf ist eine Einübung ins Sterben. Ich wünsche mir, dass ich das am Ende meines Lebens sagen kann: »Herr, auf dich vertraue ich, in deine Hände lege ich mein Leben.«

Es gibt ein Wort des Propheten Jesaja, das Martin Buber so übersetzt: »Wer glaubt, beschleunigt nicht« (Jes 28,16). Er kann sich und anderen Zeit lassen, wie Gott uns Zeit lässt. Er ist von dem Druck befreit, selber den Himmel auf Erden schaffen zu müssen. Er weiß, dass Gott in seinem Lebensvorrat noch mehr zu bieten hat als die kurze Spanne unserer Lebenszeit. Darum muss er nicht in Hektik geraten, ja nichts zu verpassen. Darum muss er nicht die Flucht nach vorn antreten. Er kann sich gelassen der Gegenwart zuwenden, dem Kairos.

Nimm dir Zeit und nicht das Leben

Ansprache bei einem Neujahrstreffen 2000

Tempo, Tempo

»Nimm dir Zeit und nicht das Leben ...« Sie kennen das Wort, von der Verkehrswacht vor Jahren tausendfach an den Autobahnen plakatiert. Ein gutes Wort, wie ich meine. Schnelligkeit kann lebensgefährlich sein, sogar lebensfeindlich, nicht nur auf den Schnellstraßen und in den Schnellzügen, sondern überhaupt. Schließlich rasen wir mit Hochgeschwindigkeit am Leben vorbei.

Es klingt verrückt: Goethe beklagt auf einer Italienreise, die Postkutsche fahre zu schnell, er könne die Landschaft nicht mehr in sich aufnehmen. Was sehen wir noch von einem Intercity aus? Wir können nicht mal mehr die Stationsschilder der Bahnhöfe lesen, durch die der Zug rast. Immer mehr Menschen kommen immer schneller irgendwo an, wo sie immer kürzer bleiben.

Zeit ist Geld, heißt es. Wenn das gilt, verspricht Beschleunigung Profit. In unserem Wirtschaftssystem soll in immer weniger Zeit von immer weniger Leuten eine immer höhere Produktivität erreicht werden. Viele fallen dabei heraus oder kommen gar nicht erst hinein in den Arbeitsprozess. Medizinische oder pflegerische Hilfe dürfen ein bestimmtes Zeitmaß nicht überschreiten. Hektik und Stress sind die Folge. Die menschliche Zuwendung bleibt auf der Strecke. Immer mehr Menschen haben trotz Arbeitszeitverkürzung immer weniger Zeit für das, was sie eigentlich wollen. »Nimm dir Zeit und nicht das Leben ...«

Die Zeit hat uns

Als ich zur Erstkommunion kam (vor sechzig Jahren), bekam ich die erste Uhr. Ich war stolz: Ich habe eine Uhr! Jahre später merkte ich mit Schrecken: Die Uhr hat mich! Keine Zeit, keine Zeit ... Die Sache ist auf den Kopf gestellt. Nicht: Ich habe Zeit, die Zeit hat mich. (Beim Geld kann es ähnlich gehen. Dann heißt es auf einmal nicht mehr: Ich habe Geld, sondern das Geld hat mich. Ich besitze es nicht, sondern bin besessen!). Im Urlaub sagte mein Freund: Jetzt lassen wir die Uhr mal zu Hause. Das geht! »Dem Glücklichen schlägt keine Stunde ...« Uns schlagen in der Regel die Minuten, die Sekunden.

Als ich 1959 meinen Dienst als Kaplan antrat, hatte ich noch keinen Terminkalender. Der kam erst etliche Jahre später. Wer kommt heute schon noch ohne Terminkalender aus? Monate, Jahre im voraus stellen wir unsere Zeit mit Terminen zu, verkaufen unsere Zukunft. Die Bedeutung eines Menschen wächst in dem Maß, wie er »ausgebucht« ist. Wir gewöhnen uns an, Termine wahrzunehmen, und außer den Terminen nehmen wir schließlich nichts mehr wahr: nicht die traurigen Augen eines Mitarbeiters oder einer Mitarbeiterin, das Zögern in der Stimme, das uns sagen könnte, dass das Wichtigste noch gar nicht ausgesprochen ist. Wir sind immer auf dem Sprung zum nächsten Termin: zack-zack, dalli-dalli. Die Zeit läuft weg, sagen wir. Läuft die Zeit weg? Oder laufen wir der Zeit weg, dem Augenblick, der uns jetzt zu leben geschenkt ist?

Zeit haben

Hat das was mit dem Glauben zu tun? Und ob! Wenn das Leben vor dem Tod alles ist, dann richtet sich aller Hunger, alle Lebensgier auf dieses kurzes Stück Leben. Ja nichts verpassen, alles jetzt. Tempo, Tempo! Die Zeit tickt. Wenn das Leben zur »letzten Gelegenheit« wird (H. Grönemeyer), dann muss man seine unendlichen Wünsche in die kurze Lebenszeit hineinpressen. Wer jetzt nicht alles haben muss, weil ihm das Beste immer noch bevorsteht, der verliert die Angst, zu kurz zu kommen.

Er hat Zeit, sich anderen zuzuwenden, besonders denen, die keinen Menschen haben.

Gott hat Zeit. Er hat sich Zeit gelassen, er hat sich in die Zeit eingelassen. In Jesus Christus ist er unser Zeit-Genosse geworden. Mit ihm ist die Zeit erfüllt. Sie hat ihre Mitte gefunden. Daran können wir uns halten, auch in unserer Zeit, die seine Zeit ist. Wer darauf vertraut, der kann sich und anderen Zeit lassen. Er ist von dem Druck befreit, selber den Himmel auf Erden schaffen zu müssen. Er weiß, dass Gott in seinem Lebensvorrat noch mehr zu bieten hat als die kurze Spanne Lebenszeit. Darum muss er nicht in Hektik geraten, ja nichts zu verpassen. Darum muss er nicht die Flucht nach vorn antreten. Er kann sich gelassen der Gegenwart zuwenden.

Die entscheidenden Dinge in unserem Leben brauchen Zeit. Vertrauen gewinnt man nicht im Vorübergehen. Freundschaft und Liebe brauchen Zeit. Trauer lässt sich nicht im Zeitraffer oder nach Terminplan regeln. Miteinander Mahl halten braucht Zeit. Das ist etwas ganz anderes, als sich in einem Schnellimbiss zu sättigen (Fastfood).

Zu einem Einsiedler kommt ein junger Mann und fragt ihn: »Welchen Sinn hat die Stille?« Der Einsiedler schöpft gerade Wasser aus dem Brunnen. »Schau in den Brunnen«, sagt er, »was siehst du?« Der junge Mann blickt in den Brunnen: »Ich sehe nichts.« Nach einer Weile fordert der Einsiedler ihn wieder auf: »Schau in den Brunnen, was siehst du?« Der junge Mann blickt hinunter und sagt: »Jetzt sehe ich mich selbst.« – »Siehst du«, spricht der Einsiedler, »als ich Wasser schöpfte, war es unruhig, und du sahst nichts. Jetzt ist das Wasser still, und du siehst dich selbst. Das ist der Sinn der Stille.«

Unsere Tage zu zählen, lehre uns

Schrifttext: Ps 90 –
Predigt beim Gottesdienst am sechzigsten Geburtstag 1992

Von Jahr zu Jahr

Ein ehrliches Wort, der Psalm 90. Er kann verhindern, dass wir uns in dieser Stunde etwas vormachen oder vormachen lassen.

»Von Jahr zu Jahr säst du die Menschen aus;
sie gleichen dem sprossenden Gras.
Am Morgen grünt es und blüht,
am Abend wird es geschnitten und welkt.«

Das ist unser Leben, voller Gegensätze, ausgespannt zwischen Blühen und Welken, Sprossen und Abgeschnittenwerden, Jungsein und Altwerden.

Wer will heute schon alt sein? »Da siehst du aber alt aus ...« – ein vernichtendes Urteil. Also, weg mit den Spuren des Alters. »Man ist so alt, wie man sich fühlt«, reden wir uns ein. Alle haben sich möglichst jung zu fühlen. So jagen wir weiter von Termin zu Termin, Tag für Tag, Woche für Woche, Jahr für Jahr. Als ginge es immer so weiter, ohne Ende. Ich habe mir lange Zeit nicht vorstellen können, einmal sechzig Jahre alt zu sein.

Wie auf Abruf

Dieser Geburtstag ist wie ein Einschnitt in meinem Leben, eine Unterbrechung. Im Rückblick stelle ich fest: Die Jahre sind vorbei. Zwanzig, vierzig, sechzig Jahre, unwiederbringlich vorbei. Einen Film kann man zurückspulen, das Leben nicht.

Die Uhr tickt, die Zeit vergeht. Vergeht nur die Zeit? Gelegentlich höre ich mein Herz klopfen, und ich denke: Da schlägt eine Uhr in dir, unaufhaltsam. Auch sie läuft ab. Ich spüre: Nicht nur die Zeit vergeht, ich vergehe.

»Du lässt die Menschen zurückkehren zum Staub
und sprichst: Kommt wieder, ihr Menschen!«

Wie auf Abruf! Staub zu Staub, Erde zu Erde. Das ist das Ende aller Wege, jenseits von Eden.

»Unser Leben währt siebzig Jahre,
und wenn es hoch kommt, sind es achtzig ...
Rasch geht es vorbei, wir fliegen dahin.«

Vorbei wie im Flug, im Vergehen. Warum ist das so?

Gottes Zorn

Der Psalm gibt darauf eine Antwort, die uns anstößig klingen mag:

»Denn wir vergehen durch deinen Zorn,
werden vernichtet durch deinen Grimm.«

Der zürnende Gott! Haben wir, aufgeklärt wie wir sind, ihn nicht längst verabschiedet? So kann man doch nicht mehr von Gott reden! Wie denn? Der liebe Gott, der zu allem Ja und Amen sagt, der billige Jakob im Himmel? Der kann's doch auch nicht sein!

Zorn? An Tagen wie heute neigen wir dazu, die Vergangenheit zu verklären. Aber wenn man ehrlich zurückblickt auf sein Leben, dann kann man auch traurig werden oder gar zornig. Was richten wir schon aus, und was richten wir an? Was haben wir getan, und was haben wir nicht getan – »Gutes unterlassen und Böses getan«? Am Anfang stehen große Pläne, am Ende sind wir zufrieden, wenn's grad so läuft, wie's läuft. Viele Vorsätze – viele Kompromisse, notwendige, aber auch faule. Da kann man doch nicht einfach nur sagen: Ich bin okay, du bist okay, als sei alles in Ordnung mit uns und der Welt.

Das sollte Gott kalt lassen? Gott dank nicht. Er gerät in einen heiligen Zorn. Der ist die andere Seite seiner leidenschaftlichen Liebe. – Die jüdische Frömmigkeit lässt Gott deshalb zu sich sprechen: »Erschaffe ich die Welt im Zeichen des Erbarmens, wird ihr Sündigen groß sein; im Zeichen des Gerichts, wie könnte da die Welt bestehen? Darum: Ich erschaffe sie im Zeichen des Gerichts und im Zeichen des Erbarmens, so möge sie bestehen.«

So möge *sie* bestehen, so möge unser Leben bestehen. Altwerden und Sterben sind Gericht und Erbarmen. Es ist schön, dass wir leben. Ist es nicht auch gut, dass es ein Ende hat mit uns, so wie wir sind?

Unsere Zuflucht

Unerbittlich konfrontiert uns der Psalm mit der Vergänglichkeit, aber das geschieht auf der Grundlage eines erstaunlich warmen Grundakkords, im Du des Vertrauens:

»Herr, du warst unsere Zuflucht
von Geschlecht zu Geschlecht.«

Es ist viel wert, wenn wir eine solche Zufluchtsstätte haben, erst recht, wenn die Sonne sinkt und die Schatten länger werden. Da ist es viel wert, dass wir wissen, wo wir hingehören. Du Herr – unsere Zuflucht. So ist das Leben nicht mehr nur Rückkehr zum Staub, sondern Heimkehr. Wir müssen nicht verrotten wie Früchte am Baum, die bei der Ernte vergessen werden. In Gottes Scheunen ist Raum für uns.

»Herr, du warst unsere Zuflucht
von Geschlecht zu Geschlecht.«

Es ist mir wichtig, dass da steht: »von Geschlecht zu Geschlecht«, von Generation zu Generation. Vor sechzig Jahren, das heißt 1932. Ich denke an meine Eltern und Großeltern, Menschen, die in den Jahren damals fest standen, als viele umkippten. Sie lebten aus diesem Vertrauen, sie hatten in Gott ihre Zuflucht. Was wäre ich ohne sie, was wären wir ohne die Generationen vor uns? Wenn das die Eltern ihren Kindern mitgeben könnten: Du, Herr, unsere Zuflucht von Geschlecht zu Geschlecht.

Dieses Grundvertrauen durchzieht den Psalm von A bis Z, von der ersten bis zur letzten Zeile. Der Psalm mündet in die Bitte:

»Unsere Tage zu zählen, lehre uns!
Dann gewinnen wir ein weises Herz.«

Die Tage zu zählen, das ist nicht selbstverständlich. Es will gelernt sein, von Gottes Gnaden. Hoffentlich schenkt dieser Tag, ich wünsche es mir, ein stärkeres Gespür für die Zeit, so wie wir gegen Ende eines Jahres die Tage zählen. Oft sagen wir: »Unsere Tage sind gezählt.« Es ist ein Zeichen von Weisheit, wenn wir sie selbst zählen können, ein Zeichen innerer Freiheit, die Tage wie kostbare Perlen anzuschauen und zu empfangen, dankbar in der gegebenen Frist.

»Heute ist der erste Tag vom Rest deines Lebens ...« Dieses Wort geht mit mir, seit ich es zum erstenmal las. Rest? Dreimal zwanzig sind sechzig. Vielleicht werden's noch einmal zwanzig: »Wenn es hoch kommt, sind es achtzig ...« Allemal ein Rest! Aber heute ist ein erster Tag, die Chance des Anfangs. So können wir das Zeitliche segnen.

Jetzt ist die Zeit

Predigt bei der Eröffnung der Misereor-Fastenaktion 2000 im Frankfurter Dom

Das Gesicht ist geteilt – auf dem Plakat. Was steckt dahinter? Ist das *ein* Gesicht: ein weißes, zur Hälfte schwarz geschminkt, oder umgekehrt? Eine Karnevalsmaske mit Licht- und Schattenseite? Oder ist das ganze ein Computer-Spiel: die eine Seite schwarzgefärbt nach dem Motto: Stell dir vor, deine Haut sei schwarz ...

Wenn man die Einladung Misereors mit dem Plakatmotiv aufschlägt, stellt man fest: Das Bild ist keine Täuschung, auch kein Gedankenspiel. Die Gesichtsteile gehören zu zwei, die eine ist schwarz, die andere weiß. Sie passen gut zusammen, auch wenn sie so verschieden sind. Was verbindet sie?

Eine Menschheit

Die Bibel erzählt gleich zu Anfang, wie Gott die Menschheit aus einem Menschen hervorgehen lässt: Adam! Es geht ihr dabei nicht um die rein biologische Abstammung, sondern um das Zueinander der Menschen und um ihr Verhältnis zu Gott. Wer an den einen Gott glaubt, der kann die Menschheit nur auf eine Wurzel zurückführen. Augustinus bringt das auf den Punkt: Gott wollte durch die Erschaffung »den Menschen einprägen, wie lieb ihm auch in der Vielheit die Einheit ist«. Die Menschheit besteht nicht aus zufällig zusammengewürfelten Einzelnen, sie ist eine Völkerfamilie. Der christliche Glaube bewirkt eine grundsätzliche Relativierung aller Bande des Blutes, der Rasse, der Hautfarbe und der Nation. Christen können keine Nationalisten sein.

Ein Adam – eine Menschheit! Die Nachkommen Adams und Evas sind Kain und Abel. Sie offenbaren, was die Menschheit jenseits von Eden niederdrückt: gewalttätige Verachtung des anderen bis zum Brudermord, die Angst, zu kurz zu kommen und der unbändige Drang, möglichst viel zu »kriegen«. Das durchzieht unsere Geschichte: eine schwere Hypothek, ein bitteres Erbe. Die Menschheit ist zerrissen. Ihr Gesicht ist geteilt. Und man fragt sich: Was verbindet sie denn noch?

Kehrt um

In diese mit Blutschuld beladene Menschheitsgeschichte tritt Jesus ein. Er ist der neue Adam, er erinnert die Menschen an ihren gemeinsamen Ursprung. Und er deckt auf, was an Kains Erbe uns in den Knochen steckt. Es ist Zeit umzukehren, sagt er, hohe Zeit: »Die Zeit ist erfüllt, das Reich Gottes ist nahe. Kehrt um, und glaubt an das Evangelium!« (Mk 1,15)

Also nicht: »Weiter so!«, sondern: »Kehrt um!« Jetzt ist die Zeit – höchste Zeit. So kann's doch nicht einfach weitergehen. In Bruchteilen von Sekunden sind Milliarden Dollar über den Globus geschoben. Im Nu erfahren wir die neuesten Nachrichten über Affären von Politikern in aller Welt. Wenn es aber um konkrete Hilfe geht, dann sind wir lahme Enten. Wie lange dauert es, bis die Zuständigkeiten geklärt sind, wer was in Mosambik tut. In der ökonomischen Globalisierung sind wir Riesen, in der Globalisierung der Solidarität sind wir Zwerge.

Weiter so? – »Kehrt um!« Jetzt ist die Zeit – höchste Zeit. Über eine Milliarde Menschen haben weniger als einen Dollar pro Tag. Zugleich gibt es einzelne, deren Vermögen das Einkommen von über einer Milliarde Menschen weit übersteigt. Die Armut wächst und zugleich der Luxus. Das treibt die Menschheit auseinander. Von 1971 bis 1991 hat sich die Zahl der am wenigsten entwickelten Länder fast verdoppelt (vgl. Armutsbericht der UNO). Da stimmt doch was nicht. »Kehrt um!« Jetzt ist die Zeit, höchste Zeit.

Dem Evangelium trauen

Das ist leichter gesagt als getan. Woher nehmen wir die Kraft, umzukehren und die Angst vor Veränderungen zu überwinden? Woher schöpfen wir das Vertrauen, dass wir nicht verlieren, wenn wir teilen? Zu mächtig ist der Eigennutz im großen und im kleinen. Die Eigeninteressen werden gehütet wie eine heilige Kuh, auch bei uns. In großen Sprüchen sind wir stark und in handfesten Taten schwach. Am Ende steht allenfalls das schlechte Gewissen und das ungute Gefühl, einen Tropfen auf einen heißen Stein zu geben.

Die Appelle allein bringen's nicht. Jesus sagt: »Glaubt an das Evangelium.« Mit anderen Worten: Gott ist da, er ist für euch da. Davon könnt ihr ausgehen, darauf könnt ihr euch verlassen. Gottes Reich ist im Kommen. Sein Geist ist dabei, das Angesicht der Erde zu erneuern. Die Welt wächst zusammen, die Kirche wird ökumenisch und katholisch, es gibt geistliche Aufbrüche, Gemeinschaften und Bewegungen. Ist nicht auch Misereor ein Zeichen dafür, dass Gott unter uns am Werk ist? Wer ihm vertraut, der muss nicht nur um sich selbst besorgt sein, der hat Kopf und Herz und Hand und Fuß frei, sich anderen zuzuwenden.

Wo wir dem Evangelium Jesu trauen, werden wir frei füreinander. Da haben Fremde Platz an unseren Tischen. Da kommen all die in den Blick, die sonst hinten herunterfallen oder gar nicht mitzählen. Wo wir dem Evangelium trauen, da dürfen Gebeugte sich wieder aufrichten und aufatmen, da finden Schuldige Vergebung. Wo wir dem Evangelium trauen, da wird die Welt nicht schöngeredet, da wächst Zivilcourage zum klaren Wort gegen das Verdrängen des sozialen Unrechts.

Schlechte Zeiten zu bejammern ist vertane Zeit. Wir können uns die Zeit nicht aussuchen, in der wir leben. Gott traut sie uns zu. »Die Zeit ist erfüllt«, sagt Jesus. Sie ist nicht nur voll mit allen möglichen Terminen, sondern erfüllt. Darum geht's. »Gemeinsam anders handeln« – so kann unsere Zeit zur erfüllten Zeit werden. Jetzt ist die Zeit!

Hinter Jesus her

Schrifttext: Mt 10,5-12 – Predigt bei der Hungertuchwallfahrt im Bonner Münster 1998

Hungertuchwallfahrt – als ich ein Stück Weges mitging, kam mir der Gedanke: Im Grunde ist das ja ein ganz einfacher Vorgang. Jeder kann sehen und verstehen, worum es geht: Zwei an der Spitze tragen das Hungertuch mit dem Christuskopf in der Mitte. Und wir – hinterher! Wir sind hinter Jesus her.

Ganz versessen – worauf?

Ist das so bei uns? Ist das Ausdruck unseres Lebens? Oft sind wir ja hinter ganz anderen Dingen her: Das muss ich unbedingt haben, ich bin ganz versessen darauf, da bin ich schon lange hinterher ... Wir sind hinter allen möglichen Dingen her. Und dann haben wir das ersehnte Stück, dann steht's da, und schließlich müssen wir's abstauben!

Sind wir hinter Jesus her? Alles andere als das. Der christliche Glaube verliert in unserer Gesellschaft an Boden. Viele stellen das genüsslich fest und denken, jetzt sprießen in dem entstehenden Vakuum Aufklärung und Humanität nur so aus dem Boden. Weit gefehlt! Desorientierung und Aberglaube breiten sich aus. An die Stelle des Glaubens an den menschenfreundlichen Gott ist längst die gnadenlose »Religion des Marktes« getreten. Wir sind arm an Gütern, die nicht zu kaufen sind. Der Kommerz diktiert alle Lebensbereiche und banalisiert fast alle Themen. Geld zählt mehr als Glaubensüberzeugung, die Ellenbogen werden wichtiger als das Herz. Viele haben ihre Seele an den Markt verkauft. Und wir wundern uns, dass das soziale Klima immer frostiger wird und viele frieren und erfrieren. Solidarität ist ein rares Gut geworden. Unsere Gesellschaft ist wie ein Wanderverein, der unterwegs in verschiedene Gruppen zerfällt:

- Da sind die Leute an der Spitze: gesund, fit, stark, clever. Sie scheinen kaum noch bereit, auf die anderen Rücksicht zu nehmen, sich umzuschauen, wie es denen im hinteren Feld geht.
- Das Mittelfeld will den Anschluss nach vorn nicht verlieren und kümmert sich kaum um den Kontakt nach hinten.
- Der große Rest bleibt auf der Strecke. Die letzten beißen die Hunde. Für sie bleiben nur Überreste, der Löwenanteil ist verbraucht!

So geht das, wenn wir hinter allem möglichen Zeug her sind, nur nicht hinter Jesus.

Weggemeinschaft

Auf unserem gemeinsamen Weg vorige Tage war das anders: Das Feld zog sich auseinander, streckte sich. Vorne die beiden mit dem Hungertuch und eine Gruppe direkt dahinter, dann das Mittelfeld, und manche blieben auch weiter zurück. Aber an bestimmten Kreuzpunkten ging der

Ruf durch nach vorn: »Warten, warten!« Dann haben wir uns gesammelt, uns vergewissert, dass wir alle beieinander sind, uns auf das Hungertuch konzentriert (auf Jesus), ein Lied gesungen, ein Gebet gesprochen, und dann ging's weiter. »Solidarität geht!« Das kann man erleben.

So soll das bei Christen sein. Wir sind eine große Gemeinschaft. Wir haben einen gemeinsamen Bezugspunkt: Wir sind hinter Jesus her. Das schließt uns zusammen. Christen sind keine Einzelkämpfer. Die hinter Jesus her sind, halten Tuchfühlung nach rechts und links, haken sich ein. »Einer trage des anderen Last.« Auch die, die nicht so recht mitkönnen, nehmen wir mit. Wir wagen den Weg gemeinsam, in der Gemeinschaft von Männern und Frauen, von Jugendlichen und Älteren, von Ausländern und Einheimischen. Für die, die hinter Jesus her sind, gilt nicht das Recht des Stärkeren, sondern das Recht des Schwächeren.

Die Armen zuerst

Wenn man sich auf den Weg macht, sollte man möglichst wenig Gepäck mitnehmen. Jesus sagt das seinen Jüngern, wir hörten's als Evangelium: »Steckt nicht Gold, Silber und Kupfermünzen in euren Gürtel. Nehmt keine Vorratstasche mit auf den Weg ...« Haben wir nicht in der Regel viel zu viel Zeug bei uns? Die viel mitnehmen, haben es unterwegs schwer. Das ist ein Problem unserer alten Kirche in Europa: Es hat sich im Laufe der Jahrhunderte soviel bei uns angesammelt. Wir schleppen viel zu viel Ballast mit uns herum. Wer nicht viel im Gepäck hat, bleibt beweglich, ist veränderungsbereit. In diesem Punkt haben uns die armen Kirchen im Süden viel voraus. Sie sind unsere Partner, auch unsere Lehrmeister.

In einer Gesellschaft, in der das Haben, das Besitzen dominiert und Scharen von »Besessenen« produziert werden, ist es notwendig, dass junge Leute da sind, die sagen: Das kann doch nicht alles sein. Weniger kann mehr sein. Lassen wir's, in Gottes Namen. Das ist ein Zeichen von Freiheit. Wer hinter Jesus her ist, der nimmt nur das Notwendigste mit. Werden wir die Erfahrung vermitteln können, dass weniger (an Sachen) mehr (an Freiheit) sein kann? Nur so, indem wir selbst einfach leben, Armut erfahren, werden wir für die Armen sensibel sein. Sie gehören nach vorn, an die Spitze. »Die Armen zuerst!«

Wer sich auf Jesus beruft, kommt an den Armen nicht vorbei. Jesus selbst war einer von ihnen. Er hat niemanden von seiner Liebe ausgeschlossen. Aber die Armen standen ihm besonders nah. So muss es auch bei uns sein: Die Armen zuerst! Das ist eine Priorität, die das Evangelium unserem Denken und Handeln setzt.

Von Herzen will ich mich freuen

Schrifttext: Jes 61,1-3.10f. –
Predigt bei einem der Eröffnungsgottesdienste
des Evangelischen Kirchentages 1991

Das geht durch Mark und Bein, das rührt an das »zerbrochene Herz«. Wer freut sich nicht über die vielen Bläser und den vielstimmigen Lobgesang! Fast möchte ich Ihnen zurufen: Spielt doch weiter, singt weiter: »Von Herzen will ich mich freuen über den Herrn ...« Ihr könnt diesen Predigttext viel besser auslegen als ich. Aber ein evangelischer Gottesdienst ohne Predigt?

Nicht zu machen

Also versuche ich, in Worte zu fassen, was eigentlich nicht zu fassen ist – die Freude! Hoffentlich gelingt's, dass ich

»die Trauernden Zions erfreue,
ihnen Schmuck bringe anstelle von Schmutz,
Freudenöl statt Trauergewand,
Jubel statt der Verzweiflung« (3).

Die Verse klingen wunderbar. Wer möchte sich nicht von Herzen freuen? Wer möchte nicht, dass die Belastungen von ihm abfallen, das Blei aus seinen Gliedern fließt, dass sich der Krampf löst und er frei wird, befreit zum Leben. Was kann man da machen?

Die Freude ist nicht zu machen (noch weniger als das Wetter). Man kann sie weder anderen noch sich selbst vormachen. Das wäre dann nichts als Mache, leicht zu durchschauen, wie der Zweckoptimismus vieler Politiker. Man kann sie auch nicht verordnen, wie beim Fototermin: ›Bitte recht freundlich ...‹ ›Nun lacht doch mal ...‹

Die Freude kommt nicht auf Befehl, sie stellt sich ein. Sie macht sich von selbst bemerkbar, sie spricht für sich. Wer sich von ihr ergreifen lässt, der strahlt – wie die Sonne. Ein Geschenk des Himmels! Das ist wie mit Braut und Bräutigam (10): Da sagt der eine zum anderen: Du, ich liebe dich. Das kann man nicht machen. Das kann man nicht erzwingen, nicht mit Geld und guten Worten. Das ist wie ein Sonnenaufgang. Die beiden strahlen, und sie feiern ein Fest.

Erfüllt von Gottes Geist

Ein junger Mann kommt zu einem Rabbi mit der Frage: »Was kann ich tun, um die Welt zu retten?« Der Weise antwortet: »So viel, wie du dazu beitragen kannst, dass morgen die Sonne aufgeht.« – »Aber was nützen dann all meine Gebete und meine guten Taten, mein ganzes Engagement?«, fragt der junge Mann. Darauf der Weise: »Sie helfen dir, wach zu sein, wenn die Sonne aufgeht.«

So ist das mit Gottes Geist: wie ein Sonnenaufgang. Seine Strahlen sind »auf mir, denn der Herr hat mich gesalbt« (1). Wir können den Geist nicht machen, er ist auch kein Produkt der Kirche. Er ist ein Geschenk des Himmels/Gottes. Und ich stelle mir vor: Er umgibt mich wie Sonnenstrahlen, hell und warm. Er befreit zum Leben. Ich verfüge nicht über ihn. Er gehört mir nicht. Ich gehöre ihm. Er sieht mich, begleitet mich, ich bin ihm wichtig. Wage ich, davon auszugehen, dass mich die Kraft des Gottesgeistes belebt, erleuchtet, erwärmt?

Christus ist davon ausgegangen, als er anfing in Nazaret (Lk 4,18). Durch ihn ist mir Gottes Geist verbürgt. Ja, ich glaube: »Der Geist Gottes, des Herrn, ruht auf mir.« Er ist nicht in den goldenen Kälbern unserer Gesellschaft, er spricht und strahlt aus mündigen und beherzten Menschen, die aus seiner Gegenwart leben, geistesgegenwärtig.

Option für die Armen

Der Geist Gottes lässt uns hier nicht nur fröhlich zusammensein und feiern, er schickt uns auf den Weg, in eine ganz bestimmte Richtung:

»Er hat mich gesandt,
damit ich den Armen eine Frohe Botschaft bringe
und alle heile, deren Herz zerbrochen ist,

damit ich den Gefangenen die Entlassung verkünde
und den Gefesselten die Befreiung ...« (1).

Das ist eine eindeutige Option, für die, die arm dran sind, gebeutelt und abhängig, in allen düsteren Schattierungen des Lebens. Der Geist Gottes öffnet uns die Augen – wie jenem Samariter zwischen Jerusalem und Jericho. Er ruft uns dorthin, wo Menschen in unserer Gesellschaft unter die Räuber fallen und ausgenommen werden, hier im Nahbereich und in der sogenannten Dritten Welt. Er treibt uns an, die Strukturen der Räuberei aufzudecken und ihnen zu Leibe zu rücken.

Er lockt uns, dass wir nicht dauernd nur die eigenen Wunden lecken, sondern uns entschieden den schreienden Wunden anderer zuwenden. Kaum etwas beschäftigt uns so sehr wie das Lamento darüber, dass die Kirche so ist, wie sie ist. Ob evangelisch oder katholisch, wir jammern in trostloser Solidarität. Die Welt ist im Aufbruch, und wir sind so mit uns selbst beschäftigt, dass wir das Wehen des Geistes nicht wahrnehmen. Wir dürfen doch um Gottes willen unsere besten Kräfte und Hoffnungsenergien nicht für uns selbst vertun.

Gottes langer Atem

›Schmuck statt Schmutz
Freudenöl statt Trauergewand
Jubel statt Verzweiflung ...‹ (3).

Der Text ist gut ... Ist das nicht zu schön, um wahr zu sein? Geht das alles so im Handumdrehen? Der Prophet macht sich und uns nichts vor. Er kennt das Steineklopfen in den Trümmern Jerusalems, nach der Rückkehr aus Babylon. Er kennt die Asche und die enttäuschten Gesichter. Wer schnell etwas sehen will, versteht kaum etwas vom Heiligen Geist. Er ist der lange Atem Gottes. Ob wir vielleicht zu kurzatmig sind, zu hektisch, asthmatisch?

Auch in der »Pflanzung, durch die der Herr seine Herrlichkeit zeigt« (3), wachsen die meisten Pflanzen langsam. Wer täglich den Boden umgräbt, kann nicht erwarten, dass etwas wächst. »Wie die Erde die Saat wachsen lässt und der Garten die Pflanzen hervorbringt, so bringt Gott, der Herr, Gerechtigkeit hervor« (11). Mit seinem langem Atem wachsen sogar »Eichen der Gerechtigkeit« (3), hier in Westfalen und anderswo.

Das Kreuz, das ich trage, ist aus Eichenholz geschnitzt. Der Baum ist auf dem Hof gewachsen, auf dem ich geboren bin, etwa 30 Kilometer von hier entfernt. Eichen wachsen nicht schnell, aber sie sind stabil, sie halten etwas aus. Das Holz hat lange als Türpfosten gedient, im Kuhstall bei uns zu Hause, dicht an der Krippe. Es erinnert mich an Menschen, die wie »Eichen der Gerechtigkeit« fest standen, die auch in schweren Zeiten nicht umgefallen sind, in den dreißiger und vierziger Jahren unseres Jahrhunderts. Solche »Eichen der Gerechtigkeit« wachsen auch heute, von Gottes Geist beseelt.

Ein wahrer Segen

Schrifttext: Num 6,22-27 –
Predigt beim Gottesdienst am Tag der Landtagseröffnung 1995 in Wiesbaden

Parlamentseröffnung und Gottesdienst! Was geht da vor sich? Werden hier zwei Ebenen vermischt, die wir tunlichst auseinander halten sollten? Mancher mag denken: Das ist nun mal so, ein alter Brauch. Wer weiß, wofür's gut ist. Schaden kann's nicht. Andere sagen: »An Gottes Segen ist alles gelegen.« Gottes Segen, den erbitten wir ausdrücklich, den wünschen wir Ihnen von Herzen. Gott segne Ihre Arbeit. Das ist das erste und wichtigste, was wir kirchlicherseits zu sagen haben. Also nicht moralische Appelle oder Ratschläge: Machen Sie dies, machen Sie's so ... Das wird zur gegebenen Zeit auch sein Recht haben. Aber vor allem steht dies wie ein Vorzeichen vor dem ganzen: Gott segne Sie und Ihre Arbeit und lasse sie fruchtbar werden für unser Land. Was heißt das, wenn wir Gott anrufen und zu Beginn Ihrer Arbeit seinen Segen erbitten?

Gott wendet sich uns zu

Segen ist nicht irgendein religiöser Brauch. Er ist ein Urwort, die Grundgeste des jüdisch-christlichen Glaubens. – Zu einem Rabbi kommt ein Schüler und fragt ihn, was Glauben sei; der Rabbi führt ihn zum Fenster und fragt: »Was siehst du da?« Der Schüler antwortet: »Menschen, Häuser, Bäume ...« – Der Rabbi führt ihn zu einem Spiegel und fragt ihn: »Was siehst du jetzt?« Der Schüler antwortet: »Jetzt sehe ich mich selbst.« – »Siehst du«, sagt der Rabbi, »wenn du dein Leben lässt, wie es ist, so siehst du hindurch auf die ganze Welt bis zu ihrem Schöpfer; ist dir aber das Glas nicht genug und legst du nur ein bisschen Silber auf, so siehst du nur noch dich.«

Glauben heißt, darauf vertrauen, dass der Ursprung des Daseins schöpferische Liebe ist, Gott in Person. »Er lasse sein Angesicht über dich leuchten ...« Dieser alte Segenswunsch nimmt die elementare Erfahrung des Kindes auf, über dem das Angesicht des Vaters und der Mutter »leuchten«; sie stehen abends am Bett ihres Kindes und wünschen ihm eine gute Nacht und alles Glück des Lebens. Und zugleich deuten sie an: Wir können dich nicht überall hin begleiten. Wir lassen dich jetzt allein. Aber auch wenn das Licht ausgeht, musst du keine Angst haben. Gott behütet dich. Er ist bei dir, er segnet dich. Er lässt sein Angesicht über dich leuchten. Sein Gesicht bekommt der Mensch nicht, indem er in den Spiegel schaut, sich selbst reflektiert oder sich selbst bespiegelt, sondern indem er sich von Gott anschauen lässt und dadurch Ansehen bekommt, Würde.

»Der Herr segne dich und behüte dich ... » Bei diesem Wunsch breiten wir die Hände aus, wie wenn Gott seine Hand über uns hält. Das ist Segen. – Was wünschen wir uns? Eine »glückliche Hand«? Oder verlassen Sie sich in Politik und Wirtschaft auf die »unsichtbare Hand«, frei nach Adam Smith? – Jeder weiß, was das bedeutet, wenn jemand seine Hand über uns hält. Das ist wie ein Dach überm Kopf und über der Seele. Da weiß man, wo man hingehört.

Gelassenheit

Der Segen nennt Gott ausdrücklich beim Namen. Er redet nicht drum herum. »Gott segne dich.« Sein heiliger Name ist über uns angerufen.

Wer Gott nennt, braucht nicht selber Gott sein zu wollen. Er muss nicht den Autor der Welt spielen, in der Pose des großen Machers. Er muss nicht den Globus schultern, womit selbst Herkules Probleme bekam. Er muss sich nicht wie ein Herrgott gebärden und Wohltaten spendend über Land ziehen und den Geldsegen ausschütten. Der Gotteskomplex löst sich. Der Mensch darf Mensch bleiben und sich von Gott segnen lassen.

Manchmal sagen wir: »Das Leben ist hart, du musst es dir teuer erkaufen. Es wird dir nichts geschenkt.« Stimmt das? Was können wir schon kaufen? Sicher, das Leben ist auch unsere Tat, es ist Werk, Lebenswerk. Es ist Planung, Arbeit, Leistung. Aber das ist nicht alles. Wir sind schon, längst bevor wir etwas leisten, und wir sind auch dann noch, wenn wir nichts mehr leisten können.

Unser Leben ist mehr Gabe als Werk, mehr Geschenk als Tat. Es ist allemal mehr, als wir von ihm wissen und zu ihm beitragen können. Es geht nicht auf in unseren Plänen und Vorstellungen, in Partei- und Regierungsprogrammen. Niemand verfügt darüber, ob sein Leben gelingt und was ihm zugemutet wird. Das Entscheidende im Leben können wir nicht machen, wir dürfen es empfangen, wie ein Geschenk. Das ist ein wahrer Segen.

Segen heißt: Empfangen, was ich nicht erarbeitet habe. Ich muss mich nicht mit mir und meiner Leistung begnügen. Ich darf mehr erhoffen. Das schenkt Gelassenheit. Das nimmt mir den Druck und Krampf, mich selbst durch meine Leistung rechtfertigen zu müssen. Ich bin nicht gnadenlos zum Erfolg verurteilt. Ich kann aufatmen. Das lockert, löst, weitet. Es schenkt mir eine tiefe innere Gewaltlosigkeit.

Zum Segen werden

Der Segen schlägt die Brücke des Glaubens zum Alltag. Er bleibt der Erde treu. Er wirkt draußen, wo es ums leibhaftige Leben geht, wo wir gefordert sind in unseren Aufgaben und Verantwortungen. Die sind nicht durch einen »frommen Wunsch« zu erledigen. Aber wir können sie so oder so angehen. Es ist ein Riesenunterschied, ob ich durch die Dinge und Geschehnisse des Lebens das Angesicht Gottes sehe, oder ob ich mich selbst bespiegele: »Legst du nur ein bisschen Silber auf, so siehst du nur noch dich.«

Wer sich segnen lässt, der muss sich nicht selber segnen. Das ist eine fatale Sache, wenn man sich selbst zuerst segnet. Jeder weiß, wie schnell wir dahin kommen können. Wer sich gesegnet weiß, der muss sich nicht selber segnen. Als Gesegneter kann er für andere zum Segen werden: »Mensch, du bist ein wahrer Segen!« Warum sollten das nicht auch Politiker werden können?

Wenn Mauern fallen

Schrifttext: Jes 58 – Predigt am Tag der Deutschen Einheit 1999 in Wiesbaden

Gott sei Dank

»Wenn ihr mit der Unterdrückung Schluss macht«, so das Prophetenwort, »wenn ihr an die Hungrigen euer Brot austeilt, die Obdachlosen aufnehmt« (vgl. Jes 58) – dann, ja dann könnten wir mit noch mehr Grund die Deutsche Einheit feiern als Erntedankfest. Aber die Verhältnisse, sie sind nicht so. Damals vor zehn Jahren – Sie erinnern sich –, da hat das Geschenk der Einheit spontan eine überwältigende Solidarität ausgelöst. Einander Fremde umarmten sich, Hilfsangebote kamen von allen Seiten. Deutschland feierte ein großes Fest. Inzwischen hat uns die Wirklichkeit längst eingeholt. Und doch feiern wir. Mit Grund: Der Unterdrückung wurde ein Ende bereitet. Fesseln des Unrechts wurden gelöst, Mauern stürzten ein. Gott sei Dank!

Allen Unkenrufen zum Trotz haben wir heute Anlass zum Erntedank. Es ist wie in biblischen Zeiten, wir hörten es: »Deine Leute bauen die uralten Trümmerstätten wieder auf, die Grundmauern ...« Aufbau Ost – viel ist geschehen. Es gibt Mauern, die dürfen wir auf keinen Fall wieder aufbauen. Aber die Grundmauern, um die geht's, die Fundamente, auf denen Staat und Gesellschaft ruhen, damit sie bewohnbar bleiben. – »Auferstanden aus Ruinen, / Deutschland, einig Vaterland« – die Hymne in den vierzig Jahren DDR. Sicher gingen in dieser Zeit nicht nur lebenswichtige Werte zu Bruch. Aber mitten in der Vision von sozialer Gerechtigkeit und Geschwisterlichkeit entwickelte sich das Desaster von Unrecht und Bespitzelung, von Umverteilung zugunsten weniger Genossen. Statt Einheit in Gerechtigkeit eine bloße Einheitspartei, statt Freiheit Diktatur. Ja, aus diesen Ruinen durften Menschen wirklich auferstehen. Ein Geschenk des Himmels! Grund zum Erntedank noch zehn Jahre danach, weiß Gott!

Von den Altstadtsanierungen wissen wir: Da wird oft viel zu viel abgerissen. Dann geht der Charakter verloren. Mitten im Wiederaufbau ein Erschrecken, was alles zu Bruch geht. Viele im Osten werden das Gefühl nicht los, wir aus dem Westen seien wie Eroberer gekommen, hätten das gerade befreite Land neu besetzt. Manch kostbare Erfahrung der Solidarität und des Mitleidens ist von kalten Wirtschaftsinteressen platt gemacht worden. Und wir als Kirchen: Haben wir im Westen von den Diasporaerfahrungen im Osten wirklich gelernt? Ob Protestanten oder Katholiken – die Diaspora ist immer mehr die Situation, die uns Christen gemeinsam zugemutet wird. Wiederaufbau ja, aber wie viel ist auch niedergebügelt worden und ruiniert geblieben. Viele Chancen des Anfangs sind nicht genutzt. Soziale Kälte macht sich breit, vermeintliche Sachzwänge belasten Beziehungen und Hoffnungen, die Gefahr einer bösen Asymmetrie zwischen West und Ost, zwischen oben und unten ist nicht gering. Ob das auch mit dem Zusammenbruch christlicher Traditionen zusammenhängt, mit Glaubensverlust? Haben wir noch andere Maßstäbe anzulegen als die Sorge, möglichst viel in die eigene Tasche zu wirtschaften? Wenn Geld mehr zählt als Gottvertrauen, dann hat das Konsequenzen.

Risse im Fundament

»Uralte Trümmerstätten wieder aufbauen ... Ruinen bewohnbar machen«, so hörten wir aus der Bibel. Wenn ich hierzulande unterwegs bin im Taunus oder am Rhein, schaue ich oft hoch zu den Burgen und Wehrtürmen: dickes Gemäuer, jahrhundertealt. Heute sind die Ruinen beliebte Ausflugsziele. Abends werden sie angestrahlt und erscheinen in herrlichem Licht. Jeder denkt: Toll, dass es das gibt, wer möchte es schon missen? Aber es lebt niemand mehr darin.

Ist's nicht für viele mit den Grundwerten unserer Gesellschaft ähnlich so? Auch mit den Glaubensüberzeugungen! Das alles steht oft genug wie Ruinen in der Gegend, wie brüchige Mauerreste in Seelenlandschaften – und nur für feierliche Ausflüge kommen sie in den Blick. An Festen wird das ganze angestrahlt – ein wunderbares Bild. Gewiss. aber leben wir darin?

Der Tag der Deutschen Einheit kann auch eine Falle sein: Das ganze Jahr über denkt man kaum an Einheit. Von Freiheit und sozialer Gerechtigkeit wird programmatisch gesprochen. Aber in der gesellschaftlichen Realität? Da ist Grund für Zukunftsangst, gerade bei jungen Leuten im Osten; eine wirklich sozial gerechte Verteilung der knapper werdenden Mittel bekommen wir kaum hin. Ist unser Wertesystem längst ruinös, ist da ein Riss zwischen Feier heute und Alltag morgen? Risse im Fundament. Die Einheit unseres Landes, die Einheit Europas, die Eine Welt – das dürfen nicht Feiertagssprüche bleiben. Sie haben nur Bestand, wenn wir darin wohnen. Das gilt gerade auch für uns Christen. Oft stehen unsere Kirchen wie Ruinen in der Landschaft, äußerlich schön renoviert und sonntags angestrahlt, aber sonst? Wohnen und leben wir in unseren Überzeugungen und Hoffnungen? Selbstkritisch müssen wir bekennen: Vieles geht auch in unseren eigenen Reihen zu Bruch. Nicht wenige erleben die katholische Kirche in diesen Tagen wie eine Trümmerstätte, brüchig in Sachen Solidarität in vielerlei Hinsicht.

»Ruinen wieder bewohnbar machen«, sagt das Prophetenwort. Aus welchen Quellen speist sich bei allen dunklen Erfahrungen der Wille zum Aufbau in Ost und West, der Wille zur Einheit, der Mut, die Welt mit den Augen der Armen zu sehen, der Verlierer in unserer Gesellschaft? Wir feiern Gottesdienst am Tag der Einheit. Das ist kein Überbau, das ist Fundament. Ich bin davon überzeugt: Wiederaufbau kann nur gelingen, wenn wir aus religiöser Bindung und ethischer Verantwortung Grundwerte des Zusammenlebens gewinnen und erhalten. Christen und Kirchen sind der Gesellschaft diesen Dienst schuldig.

»Ruinen wieder bewohnbar machen«. Wir brauchen nicht nur Ausflugsziele, wir brauchen Räume, in denen wir leben können: ein Dach überm Kopf und mehr noch über der Seele. Das ist das Ge-heim-nis unseres Glaubens: Der Glaube will Heimat schenken, ein Heim. Wenn das nicht mehr geschieht, dann wird es im wahrsten Sinne des Wortes unheim-lich. Gott bewahre!

Was des Kaisers und was Gottes ist

Schrifttext: Mt 22,15-21

Das alte Lied von den Steuern

»Ist es erlaubt, dem Kaiser Steuern zu zahlen oder nicht?« Die Frage hat's in sich, auch noch zweitausend Jahre danach. Wer weiß, wie viele Steuermilliarden dem »Kaiser« vorenthalten werden? Die Staatsfinanzen könnten – sagt man – mit einem Schlag in Ordnung kommen, wenn die Steuerpflichtigen ehrlich wären.

Steuer zahlen – ja oder nein? An Jesu Adresse gerichtet war das damals eine Fangfrage. Sagt er: »Nein«, gilt er als Rebell gegen die staatliche Ordnung. Sagt er: »Ja«, gilt er als Kollaborateur. Er kann's im Grunde nur falsch machen. Was tun?

»Zeigt mir die Steuermünze«, sagt Jesus. Die Heuchler müssen in die eigene Tasche greifen und ein Stück Geld herausziehen. Was steht drauf? Das Bild des Kaisers. Das ist auch heute noch so. Nehmen Sie ein Zweimarkstück mit dem Portrait verschiedener Politiker: Adenauer, Erhard, Schumacher ... Gebt ihm, was ihr zu geben verpflichtet seid, sagt Jesus, Steuern und all das, was nötig ist, damit der Staat gestaltet werden kann. »Gebt dem Kaiser, was des Kaisers ist.« Die Münze trägt sein Bild. Dadurch gehört sie ihm.

Was Gott gebührt

Wem gehören wir? Doch wohl kaum dem Staat. Zwar sind wir auch geprägt, gleichsam als eine lebendige Münze. Wir tragen das Bild Gottes. Wir sind Geschöpfe Gottes, geschaffen nach seinem Bilde. Diese Prägung besiegelt unsere Verpflichtung Gott gegenüber. Das Siegel fordert uns mehr als das Siegel des Kaisers. Alle Menschen tragen das Bild Gottes in sich, alle gehören ihm. Und deswegen sind wir alle Gott verpflichtet: »Gebt Gott, was Gottes ist.«

Was wir Gott zu geben haben, können wir nicht aus der Tasche ziehen wie ein Zweimarkstück. Das sind wir selber, wir ganz, mit Leib und Seele. Wir gehören keiner Macht dieser Welt, sondern Gott allein.

Man soll nicht dem Kaiser geben, was Gottes ist. Es gibt etwas, das dem Kaiser nicht zukommt, weil es Gottes ist. Wenn das, was Gott gebührt, dem Kaiser gegeben wird, hat das schlimme Folgen. Der Staat, die Politik entarten, wenn sie sich mit einem religiösen Nimbus umgeben. Sobald sie sich absolut setzen, verfallen sie dem Gotteskomplex. Sie beanspruchen das Ganze, das Totum, und werden totalitär. Sie versprechen paradiesische Zustände und landen in der Hölle des Totalitarismus. Dass Aufklärung und Fortschritt nicht vor solchen Entwicklungen bewahren, lehrt die Erfahrung. Die politischen Ideologien der Neuzeit sind erklärtermaßen gegen die Religion angetreten und haben doch sehr schnell quasireligiöse Züge angenommen. Eine Zeit, in der der Glaube zurückgeht, ist um so anfälliger für alte und neue Ideologien. Da hilft nur eins: »Gebt Gott, was Gottes ist!«

Heilsame Trennung

Wenn ich Gott gebe, was ihm gehört, dann werde ich auch entdecken, was legitim dem Kaiser gehört. Die Politik hat ihre eigene Gesetzmäßigkeit. Die wird durch den Glauben nicht einfach außer Kraft gesetzt. Die Kirche hat politische Vernunft und Kompetenz zu respektieren. Sie sollte nicht selbst Politik machen, sondern Politik ermöglichen. Sie sollte zur Wertorientierung der Politik beitragen, Gottes Weisung wach halten. Sie ist keine politische Partei und darf auch nicht Parteipolitik betreiben. »Gebt dem Kaiser, was des Kaisers ist.«

Die Trennung von Staat und Kirche ist heilsam. Beide sind gut beraten, auf Eigenständigkeit zu achten. Man darf den anderen nicht vereinnahmen wollen. Die Kirche darf nicht Staat werden wollen und der Staat nicht Kirche. Weder die Staatskirche noch der Kirchenstaat sind erstrebenswerte Modelle, wie die Geschichte lehrt.

Das Christentum hat sich in den ersten drei Jahrhunderten gegen den Staat durchsetzen müssen. Diese Ursprungserfahrung ist heilsam. Mit der konstantinischen Wende wurde der christliche Glaube Staatsreligion. Am Ende einer leidvollen Geschichte steht die Einsicht: Es ist gut, dass die Kirche von politischer Herrschaft frei ist. Kirche kann und darf nicht Machthaber sein, sie soll Gewissen sein.

Die Trennung von Staat und Kirche ist heilsam. Sie lebt aber davon, dass beide aufeinander bezogen bleiben. Sind sie in ihrer je eigenen Zuständigkeit und Verantwortung klar voneinander abgehoben, dann können sie um so eigenständiger miteinander ins Gespräch kommen und hören, was der jeweils andere zu sagen hat. Glaube und öffentliches Leben sind nicht auf ganz verschiedenen Sternen angesiedelt. Die Kirche ist für die Welt da. Alle müssen nach Kräften mitwirken, dass Menschen in öffentlicher Verantwortung handeln. Das gilt vor allem in den großen Herausforderungen unserer Tage: Gerechtigkeit, Frieden, Bewahrung der Schöpfung, Menschenwürde, Lebensschutz, Sonntag. »Gebt dem Kaiser, was des Kaisers ist, und Gott, was Gottes ist.« Wir sind hier zusammen, um Gott zu geben, was Gottes ist.

Sich trauen

Predigt bei einer Trauung 1991

Ich bewundere Euren Mut! Ihr habt uns in der Einladung ein starkes Wort geschrieben, Eure Botschaft für diesen Tag: »Du bist zeitlebens für das verantwortlich, was Du dir vertraut gemacht hast.« Das ist kein Bibelwort, es ist ein Wort von Saint-Exupéry, ganz im Sinne der Bibel und des Eheversprechens, das Ihr Euch gleich geben werdet.

Du

»Du« – so fängt's an. Ihr habt das Du in Eurer Einladung großgeschrieben, sehr groß sogar. Das ist gut so, so soll es sein in Eurem Leben. Viele schreiben anderes groß in ihrem Leben, das »Es«, die Dinge, Nahrung, Kleidung, Schätze, die Rost und Motten zerstören. Die bringen's nicht. Die machen uns zwar satt, aber ob sie Erfüllung bringen? Die kann nur das »Du« schenken. Das ist durch nichts zu ersetzen. Gebt acht, dass das »Du« nicht unter der Hand zu einem »Es« wird. Dann stellt man schließlich fest: Der meint gar nicht mich, der will nur etwas von mir. Das wäre eine Riesenenttäuschung. Ihr dürft und sollt einander nicht etwas geben, sondern Euch selbst.

Zweimal steht das Du in Eurer Botschaft: »*Du* bist zeitlebens für das verantwortlich, was *Du* dir *vertraut* gemacht hast.« Erinnert Ihr Euch noch an das erste »Du«, das Ihr zueinander gesprochen habt? Das ist ein langer Weg, bis man sich mit dem anderen vertraut gemacht hat. Das geht nicht von heute auf morgen, das ist eine Lebensaufgabe: Ich traue dir, ich vertraue dir. Ihr traut Euch, darum dürfen wir die Trauung feiern.

Das ist gar nicht so selbstverständlich, dass Menschen sich wirklich vertrauen. Das hat etwas – das Wort sagt es uns – mit Treue zu tun. Die steht heute nicht hoch im Kurs, sie ist ein rares Gut. Viele schreiben sie ganz klein und denken, sie sei verstaubt und unmodern, nur noch die Kirche rede davon. »Die Menschen haben diese Wahrheit vergessen«, sagte der Fuchs im Kleinen Prinz, »aber du darfst sie nicht vergessen. Du bist zeitlebens für das verantwortlich, was du dir vertraut gemacht hast ...«

Unwiderruflich

Zeitlebens, also nicht »auf Zeit«, sondern »auf Dauer«. Es gibt Entscheidungen im Leben, die unwiderruflich sind. Da können wir uns nicht alle Türen offen halten. Entscheidend ist die Tür, durch die wir gehen.

Ihr heiratet nicht auf Probe. Ihr wollt und dürft auch nicht auf Probe Kinder in die Welt setzen. Euer gemeinsames Leben ist der Ernstfall Eures Daseins. Der andere ist nicht auswechselbar wie ein Rädchen in einem großen System. Dazu dürft Ihr schon gar nicht den machen, den Ihr Euch vertraut gemacht habt. Das wäre unter Niveau, unter der Menschenwürde.

Sich freien

Zeitlebens – bindet man sich damit nicht? Legt man sich nicht fest? Allerdings! Freiheit ist nicht nur Unabhängigkeit. Das ist die eine Seite der Freiheit, Euer freier Entschluss füreinander.

Aber die andere Seite dürfen wir nicht vergessen: Michael »freit« Barbara – und umgekehrt! Wir freien uns, indem wir aus uns selbst herausgehen und Bindungen eingehen. Eine Freiheit also, die verbindet und verbindlich macht, Verbindlichkeit wachsen lässt. Was wäre das für eine Liebe, in der wir einander nicht zutrauen und zumuten, verbindlich zu werden und Verbindlichkeiten einzugehen. »Freiheit heißt Verantwortung, darum wird sie von den meisten Menschen gefürchtet« (G.B. Shaw).

Die Liebe, die wir fühlen und empfinden, von der wir singen und an der wir uns freuen – wenn sie echt ist, will sie nicht nur Gefühl bleiben. Sie bindet sich und nimmt Gestalt an, in der Ehe. In dieser institutionellen Verbindlichkeit ist sie immer auch angreifbar, anstößig. Sie ist nie die volle Verwirklichung unserer Sehnsucht, die reine Verkörperung des Ursprungs. Sie zeigt immer auch Schwächen, muss sich gegen Zweifel, Angriffe, widrige Umstände behaupten und sich Mängel vorhalten lassen. Sie ist dem Neid, dem Misstrauen, dem Hass ausgesetzt. Solche Liebe muss kämpfen gegen Angriffe von außen und Bedrohungen aus dem Innern.

Wenn wir uns lieben, sagen wir: Du, ich mag dich leiden. Seltsam, dass wir lieben mit leiden in Verbindung bringen. In der Liebe geht's nicht nur um Spaß und Lustgewinn, sondern um Leidenschaft. Sie bewährt sich im Leiden. *Das* Zeichen der Liebe ist das verwundete Herz.

Maßstab des Lebens

Es ist das Geheimnis unseres Lebens, dass wir gerade das, was uns am meisten betrifft, letztlich nie absichern können. Gerade das, was uns unbedingt angeht, lässt sich nur im Vertrauen ausdrücken, in der Treue. Sie bleibt Eure Lebensaufgabe. Ihr ändert Euch. Ihr seid in zehn Jahren nicht mehr so, wie Ihr heute seid. Vieles wird anders. Das führt zu schmerzlichen Erfahrungen: Eigentlich hatte ich mir das ganz anders gedacht ... Und dann nicht auszubrechen, sondern zu bleiben – das ist Treue.

Die Herausforderung Eurer Liebe begleitet Euch durch Euer Leben. Immer wieder steht sie vor Euch, Jahr um Jahr, Stufe um Stufe, entsprechend den Phasen Eures Lebens. Mal werdet Ihr eher skeptisch und zurückhaltend reagieren, mal eindringlicher und verbindlicher. Entlang dieser Herausforderung reift Ihr wirklich. Sie ist der Maßstab Eures Lebens. Wenn man Euch in zehn, zwanzig, dreißig Jahren fragt, was Ihr in der Zwischenzeit gemacht habt und was aus Euch geworden ist, aus dem, was Ihr am leidenschaftlichsten gewollt und ersehnt habt, so wird sich die Antwort letztlich an der Frage orientieren müssen: »Habe ich dich geliebt?«

Hat das alles etwas mit Gott zu tun? Wie kommt das eigentlich, dass Ihr Euch so gut versteht, dass Ihr einander vertraut und liebt? Das ist ja nicht selbstverständlich.Es lässt sich nicht machen, nicht mit Geld und guten Worten. Es lässt sich auch nicht erzwingen, weder mit dem Willen noch mit Gewalt. Es ist ein Geschenk, Gnade, ein Geschenk des Himmels. Das machen wir uns nicht selbst zurecht, das empfangen wir. Die Liebe schenkt sich uns, sie kommt aus einer Quelle jenseits unseres Wollens und Verfügens als Gabe zu uns. Wer sich der Liebe öffnet, der hat sich ihrem Ursprung geöffnet, dem Ursprung der Liebe, Gott. Nur so kann ich's Euch und mir erklären das mit der Liebe, dem Quell unseres Lebens: »Wer in der Liebe bleibt, der bleibt in Gott, und Gott bleibt in ihm« (1 Joh 4,16).

Stärker als der Tod

Schrifttext: Röm 8,31-39 –
Predigt beim Requiem für Weihbischof Kampe am
30. April 1998 im Dom zu Limburg

Im Testament von Weihbischof Kampe findet sich eine präzise Anweisung: »Inhalt der Ansprache sei Tod und Auferstehung des Herrn, auf die ich all meine Hoffnung setze.« Das Ziel der Predigt ist also in evangeliumsgemäßer Klarheit vorgegeben: Es gilt nicht, einen sehr verdienten Mann zu würdigen, sondern den Tod und die Auferstehung Jesu zu verkündigen. Wir haben hier keinen Nachruf zu geben, sondern eine Voranzeige. Tun wir es mit dem kraftvollen Lesungswort aus dem Römerbrief, dass »all seine Hoffnung« wie in einem Brennpunkt zusammenbindet.

Gott ist es, der gerecht macht

Da sind wir gleich bei der entscheidenden Frage, mitten im Text: Was legitimiert den Verstorbenen im Letzten, was rechtfertigt sein Leben? Da gäbe es viel zu sagen:

Seine offene, zukunftsgewandte Kirchlichkeit, der wir in Limburg zu einem guten Teil das synodale Miteinander verdanken: Rechtfertigt ihn das? – »Gott ist es, der gerecht macht.«

Seine bahnbrechende Medien- und Öffentlichkeitsarbeit: Rechtfertigt ihn die? – »Gott ist es, der gerecht macht.«

Sein Einsatz für den Frieden (Pax Christi): Rechtfertigt ihn der? – »Gott ist es, der gerecht macht.«

Das jüdische Blut in seinen Adern, das ihn zeitlebens zum jüdisch-christlichen Dialog antrieb: Rechtfertigt ihn das? – »Gott ist es, der gerecht macht.«

Uns rettet nicht das eigene Lebenswerk. Unsere Hoffnung endet nicht an den Grenzen unseres Schaffens. Wir setzen auf mehr als auf unsere eigene Leistung. Wir setzen auf Tod und Auferstehung Christi, das ist »all seine Hoffnung«, das ist all unsere Hoffnung hier am Sarg.

Der Dreh- und Angelpunkt

Gott steht zu uns, er steht hinter uns. Das ist nicht so dahergesagt »im Brustton der Überzeugung«. Das hat Hand und Fuß, so wahr Jesus Christus in unserer Haut steckt. Er ist einer von uns geworden. Gott hat sich selbst nicht geschont, mit Jesus hat er uns alles geschenkt (32); nicht etwas, sondern sich selbst! Er lässt uns nicht hängen, auch nicht am Kreuz. Er lässt uns in der letzten Instanz nicht allein. »Christus Jesus, der gestorben ist, mehr noch: der auferweckt worden ist, sitzt zur Rechten Gottes und tritt für uns ein« (34). Er ist unser Anwalt, er, einer von uns. Er gehört zu uns. Nichts und niemand steht zwischen uns. »Was kann uns scheiden von der Liebe Christi?« Nichts, gar nichts!

Wenn Gott so entschieden für uns ist, wer will uns dann noch etwas. Dann hat auch der Tod sein Recht verloren. »Weder Tod noch Leben, weder Engel noch Mächte, weder Gegenwärtiges noch Zukünftiges, weder Gewalten der Höhe oder der Tiefe noch irgendeine andere Kreatur können uns scheiden von der Liebe Gottes, die in Christus Jesus ist, unserem Herrn« (38f). Sie ist der Dreh- und Angelpunkt unserer Existenz. Alles dreht sich um Christus und seine Liebe zu uns, nicht etwa um den Tod. Alles bekommt von Christus her seinen Ort und Stellenwert. Der Tod wird nicht bagatellisiert, er wird durch Christus relativiert. Der hat sich ihm gestellt – und ist darin nicht untergegangen, sondern aufgestanden.

In der Auferweckung Jesu Christi geht es zuerst und zuletzt um Gott. Wir verraten Gott, wenn wir dem Tod mehr zutrauen als ihm. Dann wäre er nicht Gott. Der Tod ist endlich, sterblich. Er ist nicht göttlich, er ist unser geschöpflicher Tod. Er stirbt, wie wir sterben. Jesu Auferweckung ist der Todesstoß für den Tod und das Tor zum neuen Leben. Alles, auch den Tod, »überwinden wir durch den, der uns geliebt hat« (37). Und die Liebe Christi ist stärker als der Tod.

»Lieben heißt: Ich sage dir, du wirst nicht sterben« (Gabriel Marcel). Das sagt Gott uns heute: Ich sage dir, du wirst nicht sterben. Nichts kann uns scheiden von seiner Liebe, »von der Liebe Gottes, die in Christus Jesus ist« (39). All *seine* Hoffnung ist darin versammelt, dieser Liebe Gottes zu glauben.

Der Sonntag hat's in sich

Radioansprache 1999

Der Sonntag schafft Probleme, nicht nur wegen der Einkaufszeiten. Erich Kästner bringt es in seiner »Sonntagspredigt« auf den Punkt: »Endlich hat man einmal Zeit, / geht spazieren, steht herum, / sucht mit seiner Gattin Streit / und bringt sie und alle um.« Die Telefonseelsorge scheint ihm recht zu geben: Sonntags zwischen 18 und 22 Uhr hat sie Hochkonjunktur. Dann weinen sich viele darüber aus, was am Wochenende alles schief gegangen ist: nicht Highlife, sondern wilde Auseinandersetzungen. Dabei hätte man sich's doch ganz anders gewünscht! – Also doch lieber aus dem Sonntag einen Alltag machen? Lieber Einkaufen als Langeweile oder Krach?

Hinter der Diskussion um den Sonntag steht die Frage der Sonntagskultur. Wie gehen wir mit unserer Zeit um? Nehmen wir uns Zeit für uns selbst, teilen wir sie miteinander? Partnerschaft, Familie und Beziehung sind in unserer Gesellschaft ein sehr hohes Gut. Quer durch alle Schichten, auch bei Jugendlichen, rangieren sie in Umfragen auf Rang Eins. Aber was lassen wir uns dieses hohe Gut kosten? Nicht im finanziellen Sinne, sondern im Umgang miteinander. Das ist weit aufwendiger und schwieriger als wir denken. Die Ansprüche an Beziehungen steigen, gleichzeitig bringen wir uns um die Möglichkeiten, sie zu kultivieren. Es ist verrückt: Lieber schauen wir uns im Fernsehen an, wonach wir uns sehnen, als dass wir es im Leben einüben! In Ehevorbereitungsseminaren zeigt sich deutlich, wie schwierig es für viele Menschen ist, über sich selbst zu sprechen und sich mit dem Partner abzustimmen. Partnerschaft und Familie, das heißt, miteinander leben und aushalten, was uns widerfährt. Das braucht Zeit, das braucht Raum für Gespräche, das bedarf der Konfliktkultur und der Fähigkeit, sich selbst auszudrücken. Man kann das nicht diktieren, aber man kann mit gesellschaftlicher Verantwortung reagieren, indem man Zeiträume eröffnet, in denen Familien und Partner Zeit füreinander haben, wie am Sonntag.

Der Sonntag ist ein Kontrasttag. Die vielzitierte Sonntagsruhe meint nicht Bettruhe, auch kein Ruhigstellen. Es geht um mehr. Nach je sechs Tagen soll alle Arbeit und alle Geschäftigkeit für einen Tag unterbrochen werden. Die Menschen können aufatmen. Sie stehen nicht mehr unter Leistungsdruck, sie müssen nicht unbedingt etwas bringen. Sie haben Zeit, nicht die Zeit hat sie.

Das wollten die frühen Christen zum Ausdruck bringen, als sie den Tag der Ruhe und Befreiung mit der Auferstehung Christi verbanden. Für den von Gott erlösten und befreiten Menschen schließt die Woche nicht mit diesem freien Tag, sie beginnt damit. Sie beginnt gerade nicht mit der Arbeit. Längst bevor wir etwas leisten, leben wir schon. Das Wichtigste im Leben können wir nicht selbst machen oder verdienen, es ist uns geschenkt. Das Leben selbst ist uns geschenkt. Wir leben nicht von unseren eigenen Werken, sondern vom Wirken Gottes.

Darum ist der Sonntag den Christen heilig. Er ist nicht irgendein freier Tag, den man nach Belieben in der Woche herumschieben kann. Er steht am Anfang, vor allen anderen Tagen. Er ist ein Vorzeichen vor dem Ganzen. Er ist eine Vorgabe Gottes, die dem Leben Richtung gibt. Darum feiern wir den Sonntagsgottesdienst. Es geht nicht nur um die Warenwelt, sondern um die wahre Welt. Sie lebt vom Sonntag.

Wenn der Markt zur Religion wird

Radioansprache 1998

Klöster sind im Kommen. Dieser Tage kündigte der Modedesigner Karl Lagerfeld an, dass er südlich von Paris ein modernes Kloster bauen lässt. Mit seinen Mitarbeitern will er dort zwölf Monate im Jahr leben – nach Art der Mönche. »Mir schwebt etwas vor, das den Fortschritt des Jahres 2000 mit der Lebensdisziplin in einem mittelalterlichen Kloster verbindet, aber ohne jeden katholischen Beigeschmack.«

Die Soutane ist die Kleidung der Priester. Um so mehr war ich überrascht, dass sie im Schaufenster einer Parfümerie auftauchen. Schöne Männer und Frauen tragen lange, eng geschnittene, schwarze Gewänder mit Stehkragen. Sie wirken wie Hohepriester, die ätherische Öle anpreisen.

Die Marktwirtschaft umfasst nicht mehr nur die Organisation von Arbeit und Waren, längst zieht sie den ganzen Menschen in ihren Bann und wird zu einer neuen »Religion«. Religion des Marktes! Kaufhäuser werden zu Konsumtempeln. Ekstatische Feste wie die Love-Parade bilden Prozessionen schöner Körper, den Produkten von Schönheitsfarmen und Kosmetikfirmen. Traditionelle Feiertage werden zu Hochfesten der Konjunktur. »Wir finden sogar die Bereitschaft, Opfer zu bringen – Verkehrsopfer, Tieropfer, Pflanzenopfer, Luftopfer, ganze Landstriche, Flüsse und Meere werden der Macht des Marktes geopfert« (T. Ruster). Die Opferbereitschaft macht vor den Menschen nicht halt: Ehen scheitern an den Zwängen der Karriere. Kinder fühlen sich vereinsamt, weil niemand Zeit für sie hat. Die Gesetze des Marktes kennen keine Gnade. Immer mehr fallen ihnen zum Opfer.

Schon die Propheten des Alten Testamentes kämpften gegen Götzen, die hinter hohlem Blech und goldenen Statuen verehrt wurden. Sie kämpften gegen eine Veräußerlichung der Religion. Der schöne Schein dient der Selbsttäuschung, nicht dem Ergründen der Wahrheit. Dieselbe Oberflächlichkeit kennzeichnet die Religion des Marktes: Es geht um die Form, nicht um den Inhalt, ums Produkt, nicht um den Menschen. Das Erleben steht im Mittelpunkt, nicht das Leben. Diesem leeren Treiben gegenüber will Religion Verankerung. Sie will die eigenen Erfahrungen vertiefen, nicht vertuschen. Sie will die eigenen Sehnsüchte offenlegen und nicht Konsumsüchte kultivieren zur industriellen Befriedigung.

Deshalb kritisieren die Kirchen in ihrem Sozialwort nicht den Wohlstand, sondern die Verabsolutierung des Reichtums. Sie kämpfen nicht gegen die Erträge aus der Erde, sondern gegen den Allmachtswahn, den Himmel auf Erden schaffen zu wollen. Wer Klöster ohne religiösen Kern errichtet, macht sie zu Arbeitslagern ohne Sinn. Wer die Soutane als Marketingstrategie missbraucht, missachtet die Seelsorge. Das ist eine fatale Entwicklung. Am Ende stehen übersättigte, gelangweilte Menschen ohne Hoffnung.

Die Logik dieses Systems gilt es zu durchbrechen. Das kann nur gelingen, wenn die Existenzberechtigung eines Menschen nicht von seiner Leistungsfähigkeit abhängt. Für den Glauben ist das der Anfangs- und Angelpunkt, denn: »Du [Herr] liebst alles, was ist, und verabscheust nichts von allem, was du gemacht hast; denn hättest du etwas gehasst, so hättest du es nicht geschaffen« (Weish 11,24) Das müssen wir nicht »machen«, wir müssen es erkennen, damit es in unserem Leben Bedeutung gewinnt. Dann kommen wir zu einer »engagierten Gelassenheit« (Teilhard de Chardin): nicht blind für die Schönheiten des Lebens, aber nicht besessen vom Besitz.

Menschen verwerten?

Radioansprache 2000

Das 21. Jahrhundert ist noch jung, aber eine Charakterisierung zeichnet sich schon ab: »Jahrhundertwissenschaft Biologie« so der Titel eines eben erschienenen Buches. Nach den bahnbrechenden Erkenntnissen der Physik zu Beginn des 20. Jahrhunderts entwickelt sich nun die Biologie zur Leitwissenschaft. Wohin wird sie uns leiten?

Vor zwei Jahren haben 22 prominente amerikanische Wissenschaftler in einer Erklärung das Klonen verteidigt. Der Mensch – so sagen sie – unterscheidet sich nicht wesentlich vom Tier. Das gilt auch für seine Gedanken und Gefühle, für seine Sehnsüchte und Hoffnungen. Das alles sind nach ihrer Meinung elektrochemische Hirnprozesse. Sie machen kurzen Prozess und sprechen den Vertretern von »übernatürlichen oder spirituellen Weltbildern« die Qualifikation ab mitzureden. »Wir sehen die Gefahr«, sagen sie, »dass Forschung mit enormen potentiellen Nutzen nur deshalb unterdrückt wird, weil sie mit den religiösen Vorstellungen mancher Leute in Konflikt steht.«

Danach müsste ich als Bischof zu diesen Vorgängen schweigen. Das tue ich ausdrücklich nicht. Mir fällt auf: Die genannten Forscher beziehen ihre Argumente nicht auf die Menschenwürde, sondern auf genetische und physiologische Messwerte. Die sind bei Tieren und Menschen ziemlich ähnlich. Damit entfällt für sie die klassische Unterscheidung zwischen Mensch und Tier. Wenn der Mensch sich in seiner Biologie nicht vom Tier unterscheidet, dann auch nicht in seiner Würde. Dann kann man mit ihm verfahren wie mit Tieren. Er entartet zum findigen Tier. Seine Würde geht vor die Hunde.

Werte, Messwerte unterliegen der Definition des Menschen. Sie sind verhandelbar, sie erfassen immer nur einen winzigen Ausschnitt der Wirklichkeit. Grenzwerte werden von Kommissionen festgelegt, Messwerte sind statistische Ergebnisse von Experimenten. Der Mensch wird schließlich nach seinem Gebrauchswert beurteilt oder buchstäblich »verwertet«. Hier zeigt sich, dass es durchaus seine Tücken hat, wenn man den aus dem Bereich der Ökonomie stammenden Begriff »Wert« einfach in die Ethik überträgt. Personen haben nicht etwa nur einen Wert, sie haben eine Würde. Die lässt sich gerade nicht verwerten, sie ist unantastbar vorgegeben.

Die Würde des Menschen besagt, dass er einer Bewertung durch Menschen entzogen ist. Das meint die Bibel, wenn sie den Menschen als Ebenbild Gottes versteht. Dann kann er nicht das Ebenbild eines Menschen sein. »Ebenbild Gottes« markiert einen Freiraum, in dem jeder einzelne zu sich selbst kommen kann. »Ebenbild Gottes« garantiert dem Menschen, ein Original zu sein, kein Abziehbild. Aus dieser Überzeugung hat sich auch der Philosoph Hans Jonas gegen das Klonen gewandt. Er hat das Gebot formuliert: »Achte das Recht jedes Menschenlebens, seinen eigenen Weg zu finden und eine Überraschung für sich selbst zu sein.«

Das Jahrhundert ist noch jung. Aber wir werden schnell alt aussehen, wenn wir die Fragen außer Acht lassen, mit denen uns Gentechnik und Biomedizin herausfordern. Alles steht auf dem Spiel, wenn es ums Leben geht, erst recht, wenn es ans Leben geht.

Nachspiel

Über den Umgang mit Idolen

In vielen Schaufenstern waren sie zu sehen: Berti Vogts und die Fußballnationalmannschaft. Sie galten als Hoffnungs- und Leistungsträger. Der Erfolg schien ihnen sicher. Damit schmückt man sich gerne. Damit lässt sich werben. Aber was passiert, wenn die Stars verlieren und die Erwartungen enttäuschen? Ein Limburger Juwelier zeigte die Konsequenzen besonders deutlich. In jedem Fenster hingen die Bilder von Klinsmann und Co. unmittelbar über den Juwelen und Edeluhren. So präzise wie seine Uhrwerk sollten auch die Stars funktionieren. Weit gefehlt! Als die deutsche Mannschaft verlor, hing er die Bilder nicht weg, sondern er wählte einen anderen Weg. Er dekorierte sie mit einem Trauerflor. Nicht wie Sterbebilder mit schwarzen Rand, sondern als breite schwarze Balken quer über die Gesichter nach dem Motto: »Geht mir aus den Augen!« Aus Helden wurden Buhmänner: Heute hui – morgen pfui!

Eigentlich ist es nur ein Spiel. Fußballspiel. Aber längst ist daraus Ernst geworden. Nicht nur wegen der Millionen, die Sponsoren investieren und Spieler verdienen. Nicht nur wegen der Milliarden, die die Spiele am Bildschirm verfolgen. Der Ernst betrifft die Erwartungen gegenüber den Stars. Was wir selbst nicht zu leisten vermögen, das erwarten wir von den Idolen, die selbst wiederum mit unseren Erwartungen spielen. Im Idol legen wir ein irreales Maß an uns selbst. Fast übermenschliche Stärke und Unangreifbarkeit, Schönheit und Ausstrahlung werden verlangt. Die Erhebung reicht soweit, dass die großen Stars vergöttert werden: »Fußballgott Jürgen Kohler« hieß es auf einem Aufkleber, als Borussia Dortmund noch Meister wurde. Und die Sängerin »Madonna« legt sich selbst mit ihrem Namen eine göttliche Aura an. Andy Warhol ahnte es, als er Stars wie Marilyn Monroe als Pop-Ikonen stilisierte.

Sind das Anmerkungen eines verbitterten Bischofs, der beklagt, dass der Papst zwar immer mehr Heilige ernennt, aber immer weniger sie verehren? Nein, was mich bewegt, ist das Unmenschliche, das hinter dem Starkult steckt. Das Unmenschliche gegenüber den Stars und das Entmenschlichende gegenüber uns selbst. Während wir auf der Tribüne oder vor dem Fernseher sicher und bequem die Beine übereinander schlagen, sollen sie (z. B. im Rennsport oder beim Boxen) ihr Leben riskieren. Während wir für uns Toleranz beanspruchen, dürfen sie keine Fehler machen, keine Schwächen zeigen, damit wir im Nationalbewusstsein schwelgen können.

Erwartungen sind befreiend, wo sie uns herausfordern. Sie sind aber erdrückend, wo sie gnadenlos am Erfolg hängen. Wir sollten Menschen nicht einfach ausstreichen, wenn sie unsere Erwartungen nicht erfüllen. Früher oder später scheitern wir alle nur zu oft an unseren Ansprüchen. Dann ist die Haut nicht mehr so glatt, der Körper nicht mehr so schön. Man erwischt uns auf dem falschen Fuß, oder die körperliche oder geistige Leistungsfähigkeit nimmt ab. Dann kommt es darauf an, mit Behinderungen und Schwächen leben zu lernen und ihren Sinn zu verstehen: sie sind Wegweiser zur Realität. Sie sorgen dafür, dass wir nicht abheben, sondern mit den Füßen auf dem Boden bleiben.

Genau darin unterscheiden sich Heilige von Idolen. Sie sind keine ethischen Hochleistungsathleten. Wer sie so darstellt, behandelt sie nicht anders als Fußballgötter. Heilige sind Menschen, die die Wirklichkeit umarmen. Die ganze Wirklichkeit ist gemeint – nicht nur das Schöne und Gute, sondern auch die Schattenseite. Franziskus schreibt in seinem Testament, dass er zu Anfang seiner Bekehrung einen Aussätzigen geküsst habe. Wovon er sich zuvor nur abgestoßen fühlte, das habe er damals als süß empfunden. Auch von Ignatius ist bekannt, dass er immer wieder kranke Menschen umarmte. Wir sollten Verlierer nicht ausstreichen, wir sollten sie umarmen.

Vor dem Gewissen

Radioansprache 1999

Wenn heute vom Gewissen die Rede ist, denken die meisten an die eigene, persönliche Entscheidung: »Das muss jeder mit seinem Gewissen ausmachen. Mein Gewissen – das ist meine Sache; da hat mir niemand reinzureden.« Unter der Hand wird aus dem Gewissen die eigene persönliche Ansicht oder Gewissheit. Der einzelne setzt sich selbst das Maß. Und er merkt gar nicht, wie schnell er zum bloßen Spielball öffentlicher Meinungen wird. Oft genug ist das, was er sein eigenes Gewissen nennt, nur ein modisches Ich von der Stange. Das kann's doch nicht sein.

Gewissen – das ist wie mit der Sprache: Sie ist in uns angelegt. Und doch kommen wir erst zum Sprechen, weil andere mit uns gesprochen haben. Das Gewissen ist von Anfang an in uns da, aber es kommt erst im Austausch mit anderen zur Entfaltung. Dabei kann es durch äußeren Druck entstellt werden und durch innere Leere verflachen. Aber es ist nie ganz auszulöschen.

Das Gewissen ist die tief eingewurzelte Urerinnerung an das Gute und Wahre. Jeder und jede von uns sind ansprechbar auf das, was gut ist. Jeder und jede haben eine Antenne für das, was wir im Schuldbekenntnis aussprechen, dass wir »Gutes unterlassen und Böses getan« haben. Mag sich auch noch soviel Schutt darübergelegt haben: unerledigte Aufgaben, verdrängte Entscheidungen und unterdrückte Schuldgefühle – ganz tief drinnen wissen wir alle, was böse ist und was gut ist. Das Gewissen sagt es uns. Und wir sind gut beraten, darauf zu hören, um uns treu zu bleiben und die Wahrheit unseres Lebens nicht zu verraten.

Unser Gewissen bedarf der Vergewisserung in Gottes Weisungen. Nicht wir bestimmen, was gut und böse ist; das ist uns vorgegeben durch Gott. Wahrheit ist mehr als das, was der einzelne für richtig hält. Sonst geht sie unter in einem Allerlei von Meinungen, die das Gewissen nur als Feigenblatt für Beliebigkeit missbrauchen. Die Wahrheitsfrage ist *die* Gewissensfrage. Wo sie in Vergessenheit gerät, stumpft das Gewissen ab und verwahrlost. Das kann zur tödlichen Gefahr einer ganzen Gesellschaft werden.

Das Gewissen regt sich in den »Gewissensbissen«, ob wir es wollen oder nicht. Es meldet sich wie eine Stimme, die sich letztlich der fremden und eigenen Verfügung entzieht. Darum sagen wir: »Das muss ich vor meinem Gewissen verantworten.« »*Vor* meinem Gewissen«, das heißt: Ich stehe vor ihm wie vor einer letzten Instanz. Niemand darf sich als Richter über das Gewissen eines anderen aufspielen, noch kann jemand sein Gewissen an einen anderen abtreten. »Wer gegen sein Gewissen handelt, verliert seine Seele«, sagt das Konzil.

Zwischen dem Gewissensspruch eines Gläubigen und den Weisungen Gottes in der Tradition der Kirche besteht grundsätzlich kein Gegensatz. Es kann aber im konkreten Fall durchaus zu erheblichen Spannungen kommen. Das Gewissen kann den einzelnen Christen zu einer Handlung verpflichten, die mit einer kirchlichen Weisung nicht übereinstimmt. Es ist die »letzte maßgebliche Norm der persönlichen Sittlichkeit« (Enzyklika Veritatis splendor).

Das Gewissen ist damit die innere Grenze der sichtbaren Kirche. Die Kirche umgekehrt als Gemeinschaft der Glaubenden ist der Anwalt des Gewissens und fordert es heraus. So ist das bekannte Wort von Kardinal Newman zu verstehen: »Wenn ich genötigt wäre, bei Trinksprüchen nach dem Essen ein Hoch auf die Religion auszubringen, dann würde ich gewiss auf den Papst trinken, jedoch zuerst auf das Gewissen und dann erst auf den Papst.« Der Papst steht nicht gegen das Gewissen, er hat es zu verbürgen.

Übrigens: Zur Frage des irrigen Gewissens gibt es eine wichtige Bemerkung des heiligen Thomas von Aquin in seinem Kommentar zu den Sentenzen des Petrus Lombardus. Dort geht es um die Frage, was zu tun sei, wenn man im Gehorsam gegen das eigene Gewissen in Konflikt gerät mit der offiziellen Kirche. Darf man dem Gewissen folgen, auch unter Androhung der Strafe des Exkommunikation? Petrus Lombardus vertritt die Meinung, der Christ dürfe nicht gehorchen, wenn die Kirche ihn zu etwas verpflichten wolle, was dem Gewissen widerstreite; wenn ihn die Kirche aber durch Androhung des Exkommunikation zwinge, dann solle er gehorchen. Thomas von Aquin ist ausdrücklich anderer Ansicht. Er erkennt einen Gewissenszwang nie als berechtigt an, auch nicht, wenn die Kirche ihn mit der schwersten Strafe des Exkommunikation belegen würde. Dann sei das ein Fehlspruch des Gerichtes. Wenn das Gewissen den Anspruch nicht anerkennen kann, dann gilt: Eher *muss* der Mensch in der Exkommunikation sterben! (Vgl. Sen. II 2, d. 38, q. 2 art. 4.).